Eine Art zu lesen
Eine Art zu fliegen

GOYA

Ulrich Maske · Franziska Harvey

Ich flog mit den Schwalben

Ein ganzes Jahr voller Gedichte

GOYA

In der hier vorliegenden Ausgabe werden die Texte in ihrem ursprünglichen Wortlaut wiedergegeben. Es sind lediglich vereinzelt leichte Anpassungen an die aktuelle Rechtschreibung und Interpunktion vorgenommen worden.

GOYA Verlag
1. Auflage 2024
© 2024 JUMBO Neue Medien & Verlag GmbH, Hamburg
Alle Rechte vorbehalten
Illustrationen: Franziska Harvey
Herausgegeben von Ulrich Maske
Redaktion: Julia Berlin, Milena Schilasky
Grafische Bearbeitung: Nadine Kersten
Druck: Livonia Print, Jūrkalnes iela 15/25
Riga, LV-1046, Latvia
ISBN: 978-3-8337-4801-1

www.goyaverlag.de

FSC
www.fsc.org
MIX
Papier | Fördert
gute Waldnutzung
FSC® C002795

Komm her zu mir aus Kreta
In diesen reinen Tempel
Wo der schöne Hain von Apfelbäumen steht
Und Altäre ruhen im sanften Duft des Weihrauchs
Kühles Wasser rauscht zwischen den Zweigen
Alles ist von Rosen beschattet
Flüsternde Blätter lassen dich träumen
Verzaubern dich mehr und mehr
Sieh da die grasenden Pferde
Und dort Frühlingsblumen blühen
Ganz leise wehen Lüfte so zart und honigsüß

Sappho

Mascha Kaléko

Die vier Jahreszeiten

Der Frühling
Mit duftenden Veilchen komm ich gezogen,
Auf holzbraunen Käfern komm ich gebrummt,
Mit singenden Schwalben komm ich geflogen,
Auf goldenen Bienen komm ich gesummt.
Jedermann fragt sich, wie das geschah:
Auf einmal bin ich da!

Der Sommer
Ich bin der Sommer. In erbsgrünen Hosen,
Kirschrotem Wams zieh ich lustig einher.
Heb ich den Finger, blühen die Rosen.
Heb ich die Hand, rauscht die Welle im Meer.
Spiel ich die Flöte, tanzt der Delphin,
Duftet's nach Wiesengrund und nach Jasmin.

Der Herbst
Ich bin, das läßt sich nicht bestreiten,
Die herbste aller Jahreszeiten:
Rauhe Winde, scharf wie Säbel,
Welke Wälder, graue Nebel.
Die Vögel klagen leise, leise
Und gehen auf die Winterreise.
Dann lischt die Sommersonne aus.
Holt eure Gummischuhe raus!

Der Winter
Die Pelzkappe voll mit schneeigen Tupfen,
Behäng ich die Bäume mit hellem Kristall.
Ich bringe die Weihnacht und bringe den Schnupfen,
Sylvester und Halsweh und Karneval.
Ich komme mit Schlitten aus Nord und Nord-Ost.
– Gestatten Sie: Winter. Mit Vornamen: Frost.

Paul Gerhardt
Neujahrsgesang

Nun lasst uns gehn und treten
Mit Singen und mit Beten
Zum Herrn, der unserm Leben
Bis hierher Kraft gegeben.

Wir gehn dahin und wandern
Von einem Jahr zum andern.
Wir leben und gedeihen
Vom Alten bis zu dem Neuen.

Durch so viel Angst und Plagen,
Durch Zittern und durch Zagen,
Durch Krieg und große Schrecken,
Die alle Welt bedecken.

Denn wie von treuen Müttern
In schweren Ungewittern
Die Kindlein hier auf Erden
Mit Fleiß vewahret werden:

Also auch, und nichts minder
Lässt Gott ihm seine Kinder,
Wann Not und Trübsal blitzen,
In seinem Schoße sitzen.

Ach, Hüter unsres Lebens,
Fürwahr, es ist vergebens
Mit unserm Tun und Machen,
Wo nicht dein' Augen wachen.

Gelobt sei deine Treue,
Die alle Morgen neue!
Lob sei den starken Händen,
Die alles Herzleid wenden!

Lass ferner dich erbitten,
O Vater, und bleib mitten
In unserm Kreuz und Leiden
Ein Brunnen unsrer Freuden.

Gib mir und allen denen,
Die sich von Herzen sehnen
Nach dir und deiner Hulde,
Ein Herz, das sich gedulde.

Schleuß zu die Jammerpforten
Und lass an allen Orten
Auf so viel Blutvergießen
Die Freudenströme fließen.

Sprich deinen milden Segen
Zu allen unsren Wegen,
Lass Großen und auch Kleinen
Die Gnadensonne scheinen.

Sei der Verlassnen Vater,
Der Irrenden Berater,
Der Unversorgten Gabe,
Der Armen Gut und Habe.

Hilf gnädig allen Kranken,
Gib fröhliche Gedanken
Den hochbetrübten Seelen,
Die sich mit Schwermut quälen.

Und endlich, was das meiste,
Füll uns mit deinem Geiste,
Der uns hier herrlich ziere
Und dort zum Himmel führe.

Das alles wollst du geben,
O meines Lebens Leben,
Mir und der Christenschare
Zum sel'gen neuen Jahre!

Karl von Gerok

Zum neuen Jahr ein neues Herze

Zum neuen Jahr ein neues Herze,
ein frisches Blatt im Lebensbuch.
Die alte Schuld sei ausgestrichen.
Der alte Zwist sei ausgeglichen
Und ausgetilgt der alte Fluch.
Zum neuen Jahr ein neues Herze,
Ein frisches Blatt im Lebensbuch!

Zum neuen Jahr ein neues Hoffen!
Die Erde wird noch immer wieder grün.
Auch dieser März bringt Lerchenlieder.
Auch dieser Mai bringt Rosen wieder.
Auch dieses Jahr lässt Freuden blühn.
Zum neuen Jahr ein neues Hoffen.
Die Erde wird noch immer grün.

Paul Fleming
Neujahrsode 1633

Stelle deine Schlachten ein,
Mars, und lerne milder sein!
Tu die Waffen ab und sprich:
Hin, Schwert, was beschwerst du mich?

Dieser Helm wird nütze sein,
Dass die Schwalben nisten drein,
Dass man, wann der Frühling kömmt,
Junge Vögel da vernimmt.

Und der brachen Erden Bauch
Darf der Spieß und Degen auch,
Doch dass sie sehn anders aus:
Pflug und Spaten werden draus.

Tritt, was schädlich ist, beiseit!
Hin, verdammte Pest und Streit!
Weg, ihr Sorgen, weg, Gefahr:
jetzt und kommt ein neues Jahr!

Johann Wolfgang von Goethe

Zum Neuen Jahr

Zwischen dem Alten
Zwischen dem Neuen,
Hier uns zu freuen
Schenkt uns das Glück,
Und das Vergangne
Heißt mit Vertrauen
Vorwärts zu schauen,
Schauen zurück.

Stunden der Plage,
Leider, sie scheiden
Treue von Leiden,
Liebe von Lust;
Bessere Tage
Sammlen uns wieder,
Heitere Lieder
Stärken die Brust.

Leiden und Freuden,
Jener verschwundnen,
Sind die Verbundnen
Fröhlich gedenk.
O des Geschickes
Seltsamer Windung!
Alte Verbindung,
Neues Geschenk!

Dankt es dem regen,
Wogenden Glücke,
Dankt dem Geschicke
Männiglich Gut;
Freut euch des Wechsels
Heiterer Triebe,
Offener Liebe,
Heimlicher Glut!

Andere schauen
Deckende Falten
Über dem Alten
Traurig und scheu;
Aber uns leuchtet
Freundliche Treue;
Sehet, das Neue
Findet uns neu.

So wie im Tanze
Bald sich verschwindet,
Wieder sich findet
Liebendes Paar,
So durch des Lebens
Wirrende Beugung
Führe die Neigung
Uns in das Jahr.

13

Christian Morgenstern

Wie sich das Galgenkind
die Monatsnamen merkt

Jaguar

Mandrill

Zebra

Maikäfer

Nerz

Pony

Muli

Auerochs

Wespenbär

Locktauber

Robbenbär

Zehenbär

Erich Kästner

Der Januar

Das Jahr ist klein und liegt noch in der Wiege.
Der Weihnachtsmann ging heim in seinen Wald.
Doch riecht es noch nach Krapfen auf der Stiege.
Das Jahr ist klein und liegt noch in der Wiege.
Man steht am Fenster und wird langsam alt.

Die Amseln frieren. Und die Krähen darben.
Und auch der Mensch hat seine liebe Not.
Die leeren Felder sehnen sich nach Garben.
Die Welt ist schwarz und weiß und ohne Farben.
Und wär so gerne gelb und blau und rot.

Umringt von Kindern wie der Rattenfänger,
tanzt auf dem Eise stolz der Januar.
Der Bussard zieht die Kreise eng und enger.
Es heißt, die Tage würden wieder länger.
Man merkt es nicht. Und es ist trotzdem wahr.

Die Wolken bringen Schnee aus fremden Ländern.
Und niemand hält sie auf und fordert Zoll.
Silvester hörte man's auf allen Sendern,
dass sich auch unterm Himmel manches ändern
und, außer uns, viel besser werden soll.

Das Jahr ist klein und liegt noch in der Wiege.
Und ist doch hunderttausend Jahre alt.
Es träumt von Frieden. Oder träumt's vom Kriege?
Das Jahr ist klein und liegt noch in der Wiege.
Und stirbt in einem Jahr. Und das ist bald.

Heinrich Heine

Die heiligen drei Könige

Die heilgen drei Könige aus Morgenland,
Sie frugen in jedem Städtchen:
Wo geht der Weg nach Bethlehem,
Ihr lieben Buben und Mädchen?

Die Jungen und Alten, sie wussten es nicht,
Die Könige zogen weiter;
Sie folgten einem goldenen Stern,
Der leuchtete lieblich und heiter.
Der Stern blieb stehn über Josephs Haus,
Da sind sie hineingegangen;
Das Öchslein brüllte, das Kindlein schrie,
die heilgen drei Könige sangen.

Franz Josef Degenhardt
Winterlied

Es ist ein Schnee gefallen
und fiel noch aus der Zeit.
Man wirft uns mit den Ballen,
manch Weg ist uns verschneit.

Die Kälte und das Schweigen
ringsum ist viel zu alt,
macht Mutigen und Feigen
das Herz, die Hände kalt.

Ich lege meine Hände
auf deinen warmen Bauch
und träume von dem Ende
und von dem Anfang auch.

Ich hör' die Wölfe heulen
und mir ist nicht sehr warm.
Komm, salbe mir die Beulen
und nimm mich in den Arm.

Und sing die alte Weise,
dass bald der Frühling naht
und unterm Schnee und Eise
schon grünt die neue Saat.

Dann wollen wir uns wälzen
nach einem heißen Bad
im Schnee, und der wird schmelzen,
weil er zu schmelzen hat
im Lied von Degenhardt!

Friedrich von Logau

Der Hornung

Voller Fastnacht ist die Welt,
Torheit klebet jedem an:
Dort wird bloß stehn jeder Sinn,
Der sich hier vermummen kann.

August Heinrich Hoffmann von Fallersleben

Sehnsucht nach dem Frühling

O, wie ist es kalt geworden
Und so traurig, öd und leer!
Rauhe Winde wehn von Norden,
Und die Sonne scheint nicht mehr.

Auf die Berge möcht ich fliegen,
Möchte sehn ein grünes Tal,
Möcht in Gras und Blumen liegen
Und mich freun am Sonnenstrahl;

Möchte hören die Schalmeien
Und der Herden Glockenklang,
Möchte freuen mich im Freien
An der Vögel süßem Sang.

Schöner Frühling, komm doch wieder,
Lieber Frühling, komm doch bald,
Bring uns Blumen, Laub und Lieder,
Schmücke wieder Feld und Wald!

Ja, du bist uns treu geblieben,
Kommst nun bald in Pracht und Glanz,
Bringst nun bald all deinen Lieben
Sang und Freude, Spiel und Tanz.

Joachim Ringelnatz
Schnee

Zwischen den Bahngeleisen
Verträmt sich morgenroter Schnee. ––
Artisten müssen reisen
Ins Gebirge und an die See,
Nach Leipzig — und immer wieder fort, fort.
Nicht aus Vergnügen und nicht zum Sport.
Manchmal tut's weh.

Der ich zu Hause bei meiner Frau
So gern noch wochenlang bliebe;
Mir schreibt eine schöne Dame:
»Komm zu uns nach Oberammergau.
Bei uns ist Christus und Liebe,
Und unser Schnee leuchtet himmelblau.« –
Aber Plakate und Zeitungsreklame
Befehlen mich leider nicht dort –,
Sondern anderwohin. Fort, fort.

Der Schnee ist schwarz und traurig
In der Stadt.
Wer da keine Unterkunft hat,
Den bedaure ich.

Der Schnee ist weiß, wo nicht Menschen sind.
Der Schnee ist weiß für jedes Kind.
Und im Frühling, wenn die Schneeglöckchen blühn,
Wird der Schnee wieder grün.

Beschnuppert im grauen Schnee ein Wauwau
Das Gelbe,
Reißt eine strenge Leine ihn fort. –
Mit mir in Oberhimmelblau
War's ungefähr dasselbe.

August Heinrich Hoffmann von Fallersleben

Winter ade

Winter ade! Scheiden tut weh;
Aber dein Scheiden macht,
Dass mir das Herze lacht.
Winter ade! Scheiden tut weh.

Winter ade! Scheiden tut weh.
Gerne vergess ich dein,
Kannst immer ferne sein.
Winter ade! Scheiden tut weh.

Winter ade! Scheiden tut weh.
Gehst du nicht bald nach Haus,
Lacht dich der Kuckuck aus.
Winter ade! Scheiden tut weh.

Ulrich Maske

Kälte

Die Raben sind schon vor dem Haus
Sie kommen aus dem Wald
Der Frühling kommt
Der Frühling kommt
Doch kommt er nicht so bald

Christian Morgenstern
Frühlingsahnung

Rosa Wölkchen überm Wald
wissen noch vom Abendrot dahinter –
überwunden ist der Winter,
Frühling kommt nun bald.

Unterm Monde silberweiß,
zwischen Wipfeln schwarz und kraus
flügelt eine Fledermaus
ihren ersten Kreis ...

Rosa Wölkchen überm Wald
wissen noch vom Abendrot dahinter –
überwunden ist der Winter,
Frühling kommt nun bald.

Charlotte von Ahlefeld
Sehnsucht

Im Frühling.

Wenn Philomelens bange Liebesklage
Mir neu ertönt im leisen Pappelhain,
Da denk' ich sehnend der vergangnen Tage,
Und seufze schmerzlich: ach, ich bin allein!

O fühltest *Du* mit mir das warme Leben,
Das neu erwacht, rings um mich her sich regt,
Das Leben der Natur, die mit dem ew'gen Streben
Im Jugendglanz sich jetzt empor bewegt.

Denn zwiefach schön war mir des Jahres Morgen
Mit seinem holden Lächeln neben Dir.
O banne schnell der Liebe leise Sorgen,
Und eil' auf ihren Flügeln her zu mir.

Dann will ich Dir die schönsten Kränze binden,
Die mir des Frühlings bunter Segen beut.
Gesellig soll sich Epheu um sie winden,
Das als der Treue Sinnbild Dich erfreut.

Nur dann, wenn ich Dich freudig wiedersehe,
Entschlummert sanft in mir der Sehnsucht Schmerz,
Er flieht mich nur in Deiner theuern Nähe,
Denn *Du allein* beglückst und füllst mein Herz.

Erich Kästner

Der Februar

Nordwind bläst. Und Südwind weht.
Und es schneit. Und taut. Und schneit.
Und indes die Zeit vergeht,
bleibt ja doch nur eins: die Zeit.

Pünktlich holt sie aus der Truhe
falschen Bart und goldnen Kram.
Pünktlich sperrt sie in die Truhe
Sorgenkleid und falsche Scham.

In Brokat und seidnen Resten,
eine Maske vorm Gesicht,
kommt sie dann zu unsren Festen.
Wir erkennen sie nur nicht.

Bei Trompeten und Gitarren
drehn wir uns im Labyrinth
und sind aufgeputzt wie Narren,
um zu scheinen, was wir sind.

Unsre Orden sind Attrappe.
Bunter Schnee ist aus Papier.
Unsre Nasen sind aus Pappe.
Und aus welchem Stoff sind wir?

Bleich, als sähe er Gespenster,
mustert uns Prinz Karneval.
Aschermittwoch starrt durchs Fenster.
Und die Zeit verlässt den Saal.

Pünktlich legt sie in die Truhe
das Vorüber und Vorbei.
Pünktlich holt sie aus der Truhe
Sorgenkleid und Einerlei.

Nordwind bläst. Und Südwind weht.
Und es schneit. Und taut. Und schneit.
Und indes die Zeit vergeht,
bleibt uns doch nur eins: die Zeit.

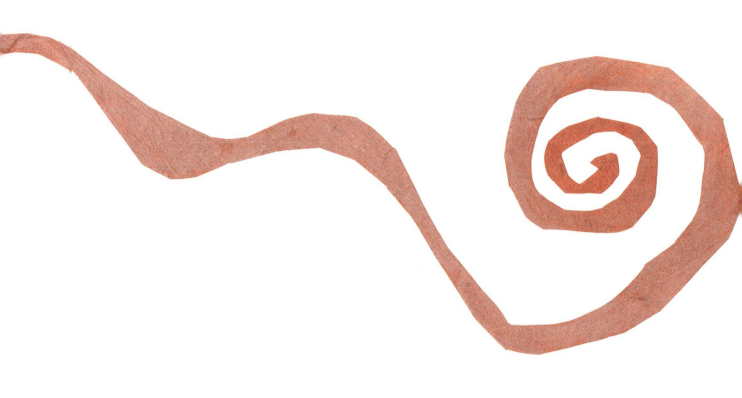

Joachim Ringelnatz
Frühling

Die Bäume im Ofen lodern.
Die Vögel locken am Grill.
Die Sonnenschirme vermodern.
Im Übrigen ist es still.

Es stecken die Spargel aus Dosen
Die zarten Köpfchen hervor.
Bunt ranken sich künstliche Rosen
In Faschingsgirlanden empor.

Ein Etwas, wie Glockenklingen,
Den Oberkellner bewegt,
Mir tausend Eier zu bringen,

Von Osterstören gelegt.
Ein süßer Duft von Havanna
Verweht in ringelnder Spur.
Ich fühle an meiner Susanna
Erwachende neue Natur.

Es lohnt sich manchmal, zu lieben,
Was kommt, nicht ist oder war.
Ein Frühlingsgedicht, geschrieben
Im kältesten Februar.

Ulrich Maske
Rotkehlchen

Rotkehlchen hat für mich gesungen
Das hat nach Frühling schon geklungen
Dem roten Kehlchen war nicht klar
Es ist ja grad erst Februar

Kurt Tucholsky

Der Lenz ist da!

Das Lenzsymptom zeigt sich zuerst beim Hunde,
dann im Kalender und dann in der Luft,
und endlich hüllt auch Fräulein Adelgunde
sich in die frischgewaschne Frühlingskluft.

Ach ja, der Mensch! Was will er nur vom Lenze?
Ist er denn nicht das ganze Jahr in Brunst?
Doch seine Triebe kennen keine Grenze –
dies Uhrwerk hat der liebe Gott verhunzt.

Der Vorgang ist in jedem Jahr derselbe:
man schwelgt, wo man nur züchtig beten sollt'
und man zerdrückt dem Heiligtum das gelbe
geblümte Kleid – ja, hat das Gott gewollt?

Die ganze Fauna treibt es immer wieder:
Da ist ein Spitz und eine Pudelmaid –
die feine Dame senkt die Augenlider,
der Arbeitsmann hingegen scheint voll Neid.

Durch rauh Gebrüll lässt sich das Paar nicht stören,
ein Fußtritt trifft den armen Romeo –
mich deucht, hier sollen zwei sich nicht gehören ...
Und das geht alle, alle Jahre so.

Komm, Mutter, reich mir meine Mandoline,
stell mir den Kaffee auf den Küchentritt –
Schon dröhnt mein Bass: Sabine, bine, bine ...
Was will man tun? Man macht es schließlich mit.

Anonym

's ist wieder März geworden

's ist wieder März geworden –
vom Frühling keine Spur!
Ein kalter Hauch aus Norden
erstarret rings die Flur

's ist wieder März geworden –
März, wie es eh' dem war:
Mit Blumen, mit verdorrten,
erscheint das junge Jahr.

Mit Blumen, mit verdorrten?
O nein, doch das ist Scherz –
gar edle Blumensorten
bringt blühend uns der März.

Seht doch die »Pfaffenhütchen«:
den »Rittersporn«, wie frisch!
Von den gesternten Blütchen –
welch farbiges Gemisch!

Der März ist wohl erschienen.
Doch ward es Frühling? – nein!
Ein Lenz kann uns nur grünen
im Freiheitssonnenschein.

Seht hier den »Wütrich« thronen,
beim »Tausendguldenkraut«,
dort jene »Kaiserkronen«–
die »Königskerze« schaut!

Wie zahlreich die »Mimosen«,
das »Zittergras«, wie dicht. –
Doch freilich »rote Rosen«–
die kamen diesmal nicht.

Heinrich Heine
Frühling

Die Wälder und Felder grünen,
Es trillert die Lerch in der Luft,
Der Frühling ist erschienen
Mit Lichtern und Farben und Duft.

Louise Franziska Aston

An Ihn

Kann ich lindern dieses Sehnen,
Das mich träumend Dir vereint?
Dir verhasst sind diese Tränen,
Die der blasse Kummer weint;
Die ein Opfer des Geschickes
Weint am Grab entschwund'nen Glückes! –
»Ihre Toten zu begraben,
Lass' die Toten sich bemüh'n!
Doch des Lebens reichste Gaben
Mögen den Lebend'gen blüh'n

Ewig soll's im Herzen lenzen,
Neue Triebe, neue Kraft!
Und mit frischen Blütenkränzen
Schmücke sich die Leidenschaft!
Was im Sturm der Zeit verloren,
Sei verjüngt und neugeboren!
Wenn der Sonne Glanz versunken,
Wenn verglüht des Tages Pracht;
Steige auf, von Wonne trunken,
Gluterfüllte Liebesnacht!« –

Und doch rührt mich frisches Leben
Nicht mit seinem Zauberstab.
Träumende Gedanken schweben
Um entschwund'ner Zeiten Grab;
Und es grüßt die bange Klage
Abendrot versunk'ner Tage.
Will ich kräftig mich ermannen,
Fliehen der Erinn'rung Fluch;
Fehlt, die Geister fortzubannen,
Mir der mächt'ge Zauberspruch!

Schau umher ich tief bekümmert,
Alles wird zur Elegie;
Und im Innersten zertrümmert
Ist der Seele Harmonie;
Klagend in Erinnerungen,
Eine Glocke, die gesprungen!
Wer dem macht erfüllten Beben
Ihrer Töne einst gelauscht;
Hört, wie jetzt zerriss'nes Leben
In gebroch'nen Klängen rauscht.

Schöne Tage, kehret wieder!
Bringt das Herrliche zurück!
Seiner Freiheit wilde Lieder;
Seiner Liebe mildes Glück!
Ja, vergessen war mein Dulden,
Und vergeben mein Verschulden!
Deiner Lehre treuer Jünger
Weint' ich keinem Glücke nach,
Denn ein neuer Freudenbringer
Stieg empor der neue Tag.

Sprach'st Du mir von Männerwürde,
Von der Freiheit Herrlichkeit,
Warf ich eig'ner Sorgen Bürde
In das weite Meer der Zeit.
Eine Schranke muss ja fallen,
Und ein Morgen tagt uns allen!
Wenn den unterdrückten Knechten
Erst der Freiheit Sonne scheint;
Wird das Weib mit gleichen Rechten
Einst dem freien Mann vereint.

Nimmer lausch ich mehr dem Worte,
Das mein Innerstes durchklang;
Pochend an der Zukunft Pforte
In der Jugend Tatendrang,
Raubend von des Himmels Heerde
Licht und Feuer für die Erde.
Solcher Liebe heißes Werben
Wurde rasch des Friedens Grab;
Und in seliges Verderben
Stürzt' ich freudig mich hinab. –

Kann ich lindern dieses Sehnen,
Das mich träumend Dir vereint?
Dir verhasst sind diese Tränen,
Die der blasse Kummer weint!
Wohl! so will ich schmerzhaft ringen,
Finst're Trauer zu bezwingen: –
»Ihre Toten zu begraben,
Lass die Toten sich bemüh'n;
Doch des Lebens reichste Gaben
Mögen den Lebend'gen blüh'n!«

Peter Maiwald

Brot und Rosen

Wenn wir zusammen gehen, geht mit uns ein schöner Tag,
durch all die dunklen Küchen und wo grau ein Werkshof lag,
beginnt plötzlich die Sonne unsre arme Welt zu kosen,
und jeder hört uns singen: Brot und Rosen!

Wenn wir zusammen gehn, kämpfen wir auch für den Mann
weil unbemuttert kein Mensch auf die Erde kommen kann.
Und wenn ein Leben mehr ist, als nur Arbeit Schweiß und Bauch,
woll'n wir mehr, gebt uns das Leben, doch gebt die Rosen auch!

Wenn wir zusammen gehn, gehn unsre Toten mit,
ihr ungehörter Schrei nach Brot schreit auch durch unser Lied,
sie hatten für die Schönheit, Liebe, Kunst erschöpft nie Ruh,
drum kämpfen wir ums Brot, und um die Rosen dazu.

Wenn wir zusammen gehn, kommt mit uns ein bessrer Tag.
Die Frauen die sich wehren, wehren aller Menschen Plag.
Zu Ende sei, dass kleine Leute schuften für die Großen!
Her mit dem ganzen Leben: Brot und Rosen!

Mascha Kaléko

Es regnet

Es regnet Blümchen auf die Felder,
Es regnet Frösche in den Bach.
Es regnet Pilze in die Wälder,
Es regnet alle Beeren wach!

Der Regen singt vor deiner Türe,
Komm an das Fenster rasch und sieh:
Der Himmel schüttelt Perlenschnüre
Aus seinem wolkigen Etui.

Vom Regen duften selbst die Föhren
Nach Flieder und nach Ananas.
Und wer fein zuhört, kann das Gras
Im Garten leise wachsen hören.

Volkslied

Den schönsten Frühling
sehn wir wieder

Den schönsten Frühling seh'n wir wieder
in ganz Europa weit und breit;
frisch auf, Gesell'n, singt frohe Lieder,
es kommt die allerschönste Zeit.
Es lebt und blüht in der Natur;
die Bäume, Felder, Wiesen, Flur.
Ein jeder ist nun wieder frei
von der verdammten Sklaverei.
Frisch auf, der Frühling kommt heran,
es freut sich jeder Handwerksmann
auf's Reisen bei so schöner Zeit,
weit und breit.

Die Handwerkspflicht ruft uns auf Straßen,
packt eure Bündel fest und gut,
und tut niemals das Reisen lassen,
so lang noch wallt das jung frisch Blut.
Ja reist in jeder Stadt und Land
recht mit Gesellen Brüderhand.
Wenn einer in Elend sich befind't,
so denkt nur, was wir schuldig sind;
ein jeder tue, was er kann,
das ist die wahre Tugendbahn
auf Reisen, bei so schöner Zeit,
weit und breit.

In jeder Stadt find't man Vergnügen
bei den Bewohnern groß und klein;
ein Kuss vom Mädchen, das wir lieben,
ist manchem seine größte Freud.
Man drückt sie noch einmal ans Herz,
und Tränen lindern ihren Schmerz,
ja man verspricht ihr treu zu sein,
und sagt, man lebt für sie allein.
Doch endlich schwingt man seinen Hut,
und fasset wieder frischen Mut
auf's Reisen, bei so schöner Zeit,
weit und breit. –

Heinrich Heine

Leise zieht durch mein Gemüt

Leise zieht durch mein Gemüt
Liebliches Geläute.
Kling, kleines Frühlingslied,
Kling hinaus ins Weite.

Kling hinaus, bis an das Haus,
Wo die Blumen sprießen,
Wenn du eine Rose schaust,
Sag, ich lass sie grüßen.

Wilhelm Busch
Vertraut

Wie liegt die Welt so frisch und tauig
Vor mir im Morgensonnenschein.
Entzückt vom hohen Hügel schau ich
Ins frühlingsgrüne Tal hinein.

Mit allen Kreaturen bin ich
In schönster Seelenharmonie.
Wir sind verwandt, ich fühl es innig,
Und eben darum lieb ich sie.

Und wird auch mal der Himmel grauer;
Wer voll Vertraun die Welt besieht,
Den freut es, wenn ein Regenschauer
Mit Sturm und Blitz vorüberzieht.

Ferdinand Freiligrath
Trotz alledem

Das war 'ne heiße Märzenzeit
Trotz Regen, Schnee und alledem!
Nun aber, da es Blüten schneit
Nun ist es kalt, trotz alledem!
Trotz alledem und alledem –
Trotz Wien, Berlin und alledem –
Ein schnöder scharfer Winterwind
Durchfröstelt uns trotz alledem!

Das ist der Wind der Reaktion
Mit Meltau, Reif und alledem!
Das ist die Bourgeoisie am Thron –
Der dennoch steht, trotz alledem!
Trotz alledem und alledem,
Trotz Blutschuld, Trug und alledem –
Er steht noch und er hudelt uns
Wie früher fast, trotz alledem!

Die Waffen, die der Sieg uns gab,
Der Sieg des Rechts trotz alledem,
Die nimmt man sacht uns wieder ab,
Samt Kraut und Lot und alledem!
Trotz alledem und alledem,
Trotz Parlament und alledem –
Wir werden uns're Büchsen los,
Soldatenwild, trotz alledem!

Doch sind wir frisch und wohlgemut,
Und zagen nicht trotz alledem!
In tiefer Brust des Zornes Glut,
Die hält uns warm trotz alledem!
Trotz alledem und alledem,
Es gilt uns gleich trotz alledem!
Wir schütteln uns: Ein garst'ger Wind,
Doch weiter nichts trotz alledem!

Denn ob der Reichstag sich blamiert
Professorenhaft, trotz alledem!
Und ob der Teufel reagiert
Mit Huf und Horn trotz alledem
Trotz alledem und alledem,
Trotz Dummheit, List und alledem,
Wir wissen doch: die Menschlichkeit
Behält den Sieg trotz alledem!

So füllt denn nur der Mörser Schlund
Mit Eisen, Blei und alledem:
Wir halten aus auf unserm Grund
Wir wanken nicht trotz alledem!
Trotz alledem und alledem!
Und macht ihr's gar, trotz alledem,
Wie zu Neapel jener Schuft:
Das hilft erst recht, trotz alledem!

Nur, was zerfällt, vertratet ihr!
Seid Kasten nur, trotz alledem!
Wir sind das Volk, die Menschheit wir,
Sind ewig drum, trotz alledem!
Trotz alledem und alledem:
So kommt denn an, trotz alledem!
Ihr hemmt uns, doch ihr zwingt uns nicht –
Unser die Welt trotz alledem!

Ulrich Maske

Der Schmetterling

Hört mal, wem ich dieses Liedchen sing:
Einem kleinen bunten Schmetterling
Scheint die Sonne wieder wärmer
Seh ich ihn wie jedes Jahr
Und er flattert mir entgegen
Endlich ist der Frühling da

Fliege, kleiner bunter Schmetterling
Wenn ich dir mein kleines Liedchen sing
Aus den Blumen sollst du trinken
Schaukelst dich im leisen Wind
Über Wiesen sollst du fliegen
Bald sieht dich ein andres Kind

Fliege, kleiner bunter Schmetterling
Hör nur, was ich dir zum Abschied sing
Für dich gibt es keine Grenzen
Alles Gute wünsch ich dir
Fliegst du fort in fremde Länder
Dann bist du ein Gruß von mir

Theodor Fontane

Frühling

Nun ist er endlich kommen doch
In grünem Knospenschuh;
»Er kam, er kam ja immer noch«,
Die Bäume nicken sich's zu.

Sie konnten ihn all erwarten kaum,
Nun treiben sie Schuss auf Schuss;
Im Garten der alte Apfelbaum,
Er sträubt sich, aber er muss.

Wohl zögert auch das alte Herz
Und atmet noch nicht frei,
Es bangt und sorgt: »Es ist erst März,
Und März ist noch nicht Mai.«

O schüttle ab den schweren Traum
Und die lange Winterruh:
Es wagt es der alte Apfelbaum,
Herze, wag's auch *du*.

Johann Wolfgang von Goethe

Osterspaziergang

Vom Eise befreit sind Strom und Bäche,
Durch des Frühlings holden, belebenden Blick,
Im Tale grünet Hoffnungs-Glück;
Der alte Winter, in seiner Schwäche,
Zog sich in rauhe Berge zurück.
Von dort her sendet er, fliehend, nur
Ohnmächtige Schauer körnigen Eises
In Streifen über die grünende Flur;
Aber die Sonne duldet kein Weißes,
Überall regt sich Bildung und Streben,
Alles will sie mit Farben beleben;
Doch an Blumen fehlts im Revier,
Sie nimmt geputzte Menschen dafür.

Kehre dich um, von diesen Höhen
Nach der Stadt zurück zu sehen.
Aus dem hohlen finstern Tor
Dringt ein buntes Gewimmel hervor.
Jeder sonnt sich heute so gern.
Sie feiern die Auferstehung des Herrn,
Denn sie sind selber auferstanden,
Aus niedriger Häuser dumpfen Gemächern,
Aus Handwerks- und Gewerbes Banden,
Aus dem Druck von Giebeln und Dächern,
Aus Strassen quetschender Enge,
Aus der Kirchen ehrwürdiger Nacht
Sind sie alle ans Licht gebracht.

Sieh nur sieh! wie behend sich die Menge
Durch die Gärten und Felder zerschlägt,
Wie der Fluss, in Breit' und Länge,
So manchen lustigen Nachen bewegt,
Und, bis zum Sinken überladen
Entfernt sich dieser letzte Kahn.
Selbst von des Berges fernen Pfaden
Blinken uns farbige Kleider an.
Ich höre schon des Dorfs Getümmel,
Hier ist des Volkes wahrer Himmel,
Zufrieden jauchzet groß und klein:
Hier bin ich Mensch, hier darf ich's sein.

Heinrich Heine
Es schauen die Blumen alle

Es schauen die Blumen alle
Zur leuchtenden Sonne hinauf;
Es nehmen die Ströme alle
Zum leuchtenden Meere den Lauf.

Es flattern die Lieder alle
Zu meinem leuchtenden Lieb;
Nehmt mit meine Tränen und Seufzer,
Ihr Lieder, wehmütig und trüb!

Bertolt Brecht
Ballade von den Seeräubern

Von Branntwein toll und Finsternissen
Von unerhörten Güssen nass
Vom Frost eisweißer Nacht zerrissen
Im Mastkorb von Gesichten blass
Von Sonne nackt gebrannt und krank
(die hatten sie im Winter lieb)
Aus Hunger, Fieber und Gestank
Sang alles, was noch übrig blieb:

O Himmel, strahlender Azur!
Enormer Wind, die Segel bläh!
Lasst Wind und Himmel fahren! Nur
Lasst uns um Sankt Marie die See!

Kein Weizenfeld mit milden Winden
Selbst keine Schenke mit Musik
Kein Tanz mit Weibern und Absinthen
Kein Kartenspiel hielt sie zurück.
Sie hatten vor dem Knall das Zanken
Vor Mitternacht die Weiber satt:
Sie lieben nur verfaulte Planken
Ihr Schiff, das keine Heimat hat.

O Himmel, strahlender Azur!
Enormer Wind, die Segel bläh!
Lasst Wind und Himmel fahren! Nur
Lasst uns um Sankt Marie die See!

Mit seinen Ratten, seinen Löchern
Mit seiner Pest, mit Haut und Haar
Sie fluchten wüst darauf beim Bechern
Und liebten es, so wie es war.

Sie knoten sich mit ihren Haaren
Im Sturm in seinem Mastwerk fest:
Sie würden nur zum Himmel fahren
Wenn man dort Schiffe fahren lässt.

O Himmel, strahlender Azur!
Enormer Wind, die Segel bläh!
Lasst Wind und Himmel fahren! Nur
Lasst uns um Sankt Marie die See!

Sie morden kalt und ohne Hassen
Was ihnen in die Zähne springt
Sie würgen Gurgeln so gelassen
Wie man ein Tau ins Mastwerk schlingt.
Sie trinken Sprit bei Leichenwachen
Nachts torkeln trunken sie in See
Und die, die übrig bleiben, lachen
Und winken mit der kleinen Zeh:

O Himmel, strahlender Azur!
Enormer Wind, die Segel bläh!
Lasst Wind und Himmel fahren! Nur
Lasst uns um Sankt Marie die See!

Sie leben schön wie noble Tiere
Im weichen Wind, im trunknen Blau!
Und oft besteigen sieben Stiere
Eine geraubte fremde Frau.
Die hellen Sternennächte schaukeln
Sie mit Musik in süße Ruh
Und mit geblähten Segeln gaukeln
Sie unbekannten Meeren zu.

O Himmel, strahlender Azur!
Enormer Wind, die Segel bläh!
Lasst Wind und Himmel fahren! Nur
Lasst uns um Sankt Marie die See!

Doch eines Abends im Aprile
Der keine Sterne für sie hat
Hat sie das Meer in aller Stille
Auf einmal plötzlich selber satt.
Hüllt still in Rauch die Sternensicht
Und die geliebten Winde schieben
Die Wolken in das milde Licht.

O Himmel, strahlender Azur!
Enormer Wind, die Segel bläh!
Lasst Wind und Himmel fahren! Nur
Lasst uns um Sankt Marie die See!

Sie fühlen noch, wie voll Erbarmen
Das Meer mit ihnen heute wacht
Dann nimmt der Wind sie in die Arme
Und tötet sie vor Mitternacht.
Und ganz zuletzt in höchsten Masten
War es, weil Sturm so gar laut schrie
Als ob sie, die zur Hölle rasten
Noch einmal sangen, laut wie nie:

O Himmel, strahlender Azur!
Enormer Wind, die Segel bläh!
Lasst Wind und Himmel fahren! Nur
Lasst uns um Sankt Marie die See!

Ulrich Maske

Ein Abend im April

Die Amsel singt ihr Abendlied
Dort auf dem höchsten Ast
Largo in Moll, vivo in Dur
Singt sie ganz ohne Hast
Die Katze ist ein schlaues Tier
Kratzt unten am Amselbaum
Sie weiß, die Amsel oben singt
Jenseits von Zeit und Raum

Eduard Mörike
Er ist's

Frühling lässt sein blaues Band
Wieder flattern durch die Lüfte;
Süße, wohlbekannte Düfte
Streifen ahnungsvoll das Land.
Veilchen träumen schon,
Wollen balde kommen.
– Horch, von fern ein leiser Harfenton!
Frühling, ja du bist's!
Dich hab ich vernommen!

Georg Forster
Wie schön blüht uns der Maien

Wie schön blüht uns der Maien,
der Sommer fährt dahin!
Mir ist ein schön Jungfräulein
gefallen in meinen Sinn.
Bei ihr, da wär mir's wohl,
wenn ich nur an sie denke,
mein Herz ist freudevoll.

Bei ihr, da wär ich gerne,
Bei ihr, da wär mir's wohl;
sie ist mein Morgensterne,
strahlt mir ins Herz so voll.
Sie hat ein roten Mund,
sollt ich sie darauf küssen,
mein Herz würd mir gesund.

Wollt Gott, ich fänd im Garten,
drei Rosen auf einem Zweig,
ich wollte auf sie warten,
ein Zeichen wär mir's gleich.
Das Morgenrot ist weit,
es streut schon seine Rosen;
ade, mein schöne Maid!

Joseph von Eichendorff
Frische Fahrt

Laue Luft kommt blau geflossen,
Frühling, Frühling soll es sein!
Waldwärts Hörnerklang geschossen,
Mutger Augen lichter Schein;
Und das Wirren bunt und bunter
Wird ein magisch wilder Fluss,
In die schöne Welt hinunter
Lockt dich dieses Stromes Gruß.

Und ich mag mich nicht bewahren!
Weit von euch treibt mich der Wind,
Auf dem Strome will ich fahren,
Von dem Glanze selig blind!
Tausend Stimmen lockend schlagen,
Hoch Aurora flammend weht,
Fahre zu! Ich mag nicht fragen,
Wo die Fahrt zu Ende geht!

Rainer Maria Rilke

Frühling ist wiedergekommen

Frühling ist wiedergekommen. Die Erde
ist wie ein Kind, das Gedichte weiß;
viele, o viele .... Für die Beschwerde
langen Lernens bekommt sie den Preis.

Streng war ihr Lehrer. Wir mochten das Weiße
an dem Barte des alten Manns.
Nun, wie das Grüne, das Blaue heiße,
dürfen wir fragen: sie kanns, sie kanns!

Erde, die frei hat, du glückliche, spiele
nun mit den Kindern. Wir wollen dich fangen,
fröhliche Erde. Dem Frohsten gelingts.

O, was der Lehrer sie lehrte, das Viele,
und was gedruckt steht in Wurzeln und langen
schwierigen Stämmen: sie singts, sie singts!

Theodor Storm
Mai

Die Kinder schreien »Vivat hoch!«
In die blaue Luft hinein;
Den Frühling setzen sie auf den Thron,
Der soll ihr König sein.

Die Kinder haben die Veilchen gepflückt,
All, all, die da blühten am Mühlengraben.
Der Lenz ist da; sie wollen ihn fest
In ihren kleinen Fäusten haben.

Ulrich Maske

Grüne Idylle

Unterm grünen Knöterich
Sitzt ein grüner Kröterich
In einer grünen Tröte
Sitzt eine grüne Kröte
Sie singt vom grünen Frühling
Bis ihre Augen schillern
Und unterm grünen Knöterich
Fängt Kröterich an zu trillern
Da seufzt und sagt von grün zu grün die eine zu dem andern
Es ist die grüne Frühlingszeit die beste Zeit zum Wandern
Und wie sie dann im Krötengang so ihres Weges ziehn
Sagt Kröterich zur Kröte dann: »Ach, ich bin dir so grün.«
Die Kröte sagt zum Kröterich: »Ich bin dir grün nicht minder.«
Und nach zehn Wochen haben sie wohl tausend grüne Kinder

Franz Josef Degenhardt

Wölfe mitten im Mai

August, der Schäfer, hat Wölfe gehört,
Wölfe mitten im Mai
– zwar nur zwei –,
aber August, der schwört,
sie hätten zusammen das Fraßlied geheult,
das aus früherer Zeit,
und er schreit,
und sein Hut ist verbeult.
Schreit: Rasch, holt die Sensen, sonst ist es zu spät.
Schlagt sie tot, noch ehe der Hahn dreimal kräht.
Doch wer hört schon auf einen alten Hut
und ist auf der Hut – und ist auf der Hut.

August, der Schäfer, ward nie mehr gesehen,
nur sein alter Hut
voller Blut
schwamm im Bach. Circa zehn
hat dann später das Dorfhexenkind
nachts im Steinbruch entdeckt,
blutbefleckt
und die Schnauzen im Wind.
Dem Kind hat die Mutter den Mund zugehext,
hat geflüstert: Bist still oder du verreckst.
Wer den bösen Wolf nicht vergisst, mein Kind,
bleibt immer ein Kind – bleibt immer ein Kind.

Schon schnappten Hunde den Wind, und im Hag
rochen Rosen nach Aas.
Kein Schwein fraß.
Eulen jagten am Tag.
Hühner verscharrten die Eier im Sand,
Speck im Fang wurde weich,
aus dem Teich
krochen Karpfen ans Land.

Da haben die Greise zahnlos gelacht
und gezischelt: Wir haben's gleich gesagt.
Düngt die Felder wieder mit altem Mist,
sonst ist alles Mist – sonst ist alles Mist.

Dann, zu Johannis, beim Feuertanzfest
– keiner weiß heute mehr wie –
waren sie
plötzlich da. Aus Geäst
sprangen sie in den Tanzkreis. Zu schnell
bissen Bräute ins Gras,
und zu blass
schien der Mond. Aber hell,
hell brannte Feuer aus trockenem Moos,
brannte der Wald bis hinunter zum Fluss.
Kinder, spielt, vom Rauch dort wissen wir nicht
und riechen auch nichts – und riechen auch nicht.

Jetzt kommen Zeiten, da heißt es, heraus
mit dem Gold aus dem Mund.
Seid klug und
wühlt euch Gräben ums Haus.
Gebt eure Töchter dem rohesten Knecht,
jenem, der noch zur Not
nicht nur Brot
mit den Zähnen aufbricht.
So sang der verschmuddelte Bauchladenmann
und pries Amulette aus Wolfszähnen an.
Wickelt Stroh und Stacheldraht um den Hals
und haltet den Hals – und haltet den Hals.

Was ist denn doch in den Häusern passiert?
Bisse in Balken und Bett.
Welches Fett
hat den Rauchfang verschmiert?
Wer gab den Wölfen die Kreide, das Mehl,
stäubte die Pfoten weiß?
Welcher Geiß
glich das Ziegengebell?
Und hat sich ein siebentes Geißlein versteckt?
Wurden Wackersteine im Brunnen entdeckt?
Viele Fragen, die nur einer hören will,
der stören will – der stören will.

Doch jener Knecht mit dem Wildschweingebrech
– heut ein Touristenziel –
weiß, wieviel
da geschah. Aber frech
hockt er im Käfig, frisst Blutwurst und lacht,
wenn man ihn fragt. Und nur
Schlag null Uhr
zur Johannisnacht,
wenn von den Bergen das Feuerrad springt,
die Touristenschar fröhlich das Fraßlied singt,
beißt er wild ins Gitter, schreit: Schluss mit dem Lied,
's ist ein garstig Lied – 's ist ein garstig Lied.

August, der Schäfer, hat Wölfe gehört,
Wölfe mitten im Mai,
– mehr als zwei –,
und der Schäfer, der schwört,
sie hätten zusammen das Fraßlied geheult,
das aus früherer Zeit,
und er schreit,
und sein Hut ist verbeult.
Schreit: Rasch, holt die Sensen, sonst ist es zu spät,
schlagt sie tot, noch ehe der Hahn dreimal kräht.
Doch wer hört schon auf einen alten Hut
und ist auf der Hut – und ist auf der Hut.

Johann Wolfgang von Goethe
Mailied

Wie herrlich leuchtet
Mir die Natur!
Wie glänzt die Sonne!
Wie lacht die Flur!
Es dringen Blüten
Aus jedem Zweig
Und tausend Stimmen
Aus dem Gesträuch
Und Freud und Wonne
Aus jeder Brust.
O Erd', o Sonne,
O Glück, o Lust,

O Lieb', o Liebe,
So golden schön
Wie Morgenwolken
Auf jenen Höhn,

Du segnest herrlich
Das frische Feld,
Im Blütendampfe
Die volle Welt!
O Mädchen, Mädchen,
Wie lieb' ich dich!
Wie blinkt dein Auge,
Wie liebst du mich!

So liebt die Lerche
Gesang und Luft,
Und Morgenblumen
Den Himmelsduft,

Wie ich dich liebe
Mit warmem Blut,
Die du mir Jugend
Und Freud' und Mut

Zu neuen Liedern
Und Tänzen gibst.
Sei ewig glücklich,
Wie du mich liebst!

Ada Christen

Nach dem Regen

Die Vögel zwitschern, die Mücken
Sie tanzen im Sonnenschein,
Tiefgrüne feuchte Reben
Gucken ins Fenster herein.

Die Tauben girren und kosen
Dort auf dem niedern Dach,
Im Garten jagen spielend
Die Buben den Mädeln nach.

Es knistert in den Büschen,
Es zieht durch die helle Luft
Das Klingen fallender Tropfen,
Der Sommerregenduft.

Erich Kästner

Der Juni

Die Zeit geht mit der Zeit: Sie fliegt.
Kaum schrieb man sechs Gedichte,
ist schon ein halbes Jahr herum
und fühlt sich als Geschichte.

Die Kirschen werden reif und rot,
die süßen wie die sauern.
Auf zartes Laub fällt Staub, fällt Staub,
so sehr wir es bedauern.

Aus Gras wird Heu. Aus Obst Kompott.
Aus Herrlichkeit wird Nahrung.
Aus manchem, was das Herz erfuhr,
wird, bestenfalls, Erfahrung.

Es wird und war. Es war und wird.
Aus Kälbern werden Rinder
und weil's zur Jahreszeit gehört,
aus Küssen kleine Kinder.

Die Vögel füttern ihre Brut
und singen nur noch selten.
So ist's bestellt in unsrer Welt,
der besten aller Welten.

Spät tritt der Abend in den Park,
mit Sternen auf der Weste.
Glühwürmchen ziehn mit Lampions
zu einem Gartenfeste.

Dort wird getrunken und gelacht.
In vorgerückter Stunde
tanzt dann der Abend mit der Nacht
die kurze Ehrenrunde.

Am letzten Tische streiten sich
ein Heide und ein Frommer,
ob's Wunder oder keine gibt.
Und nächstens wird es Sommer.

Ingeborg Bachmann

Die große Fracht

Die große Fracht des Sommers ist verladen,
das Sonnenschiff im Hafen liegt bereit,
wenn hinter dir die Möwe stürzt und schreit.
Die große Fracht des Sommers ist verladen.

Das Sonnenschiff im Hafen liegt bereit,
und auf die Lippen der Galionsfiguren
tritt unverhüllt das Lächeln der Lemuren.
Das Sonnenschiff im Hafen liegt bereit.

Wenn hinter dir die Möwe stürzt und schreit,
kommt aus dem Westen der Befehl zu sinken;
doch offnen Augs wirst du im Licht ertrinken,
wenn hinter dir die Möwe stürzt und schreit.

Volkslied

Auf einem Baum ein Kuckuck

Auf einem Baum ein Kuckuck,
simsaladim bam ba sa la du saladim
auf einem Baum ein Kuckuck saß.

Da kam ein junger Jägers-,
simsaladim bam ba sala du saladim,
da kam ein junger Jägersmann.

Der schoss den armen Kuckuck,
simsaladim bam ba sala du saladim,
der schoss den armen Kuckuck tot.

Und als ein Jahr vergangen,
simsaladim bam ba sala du saladim,
und als ein Jahr vergangen war,

da war der Kuckuck wieder,
simsaladim bam ba sala du saladim,
da war der Kuckuck wieder da.

Da freuten sich die Leute,
simsaladim bam ba sala du saladim,
da freuten sich die Leute sehr.

Theodor Fontane

Guter Rat

An einem Sommermorgen
Da nimm den Wanderstab,
Es fallen deine Sorgen
Wie Nebel von dir ab.

Des Himmels heitere Bläue
Lacht dir ins Herz hinein
Und schließt, wie Gottes Treue,
Mit seinem Dach dich ein.

Rings Blüten nur und Triebe
Und Halme von Segen schwer,
Dir ist, als zöge die Liebe
Des Weges nebenher.

So heimisch alles klinget
Als wie im Vaterhaus,
Und über die Lerchen schwinget
Die Seele sich hinaus.

Wolfgang Borchert
Sommerabend

Sommersüß
duftende Linde
flüstert dies
in träumende Winde:

Abend voll Glocken
wehet wie Hauch
um seidige Locken –
heimlich im Strauch.

Wir saßen beide
in schwankenden Dolden,
der Sonne Geschmeide
umkoste uns golden ...

Wilhelm Busch

Im Sommer

In Sommerbäder
Reist jetzt ein jeder
Und lebt famos.
Der arme Dokter,
Zu Hause hockt er
Patientenlos.

Von Winterszenen,
Von schrecklich schönen,
Träumt sein Gemüt,
Wenn, Dank, ihr Götter,
Bei Hundewetter
Sein Weizen blüht.

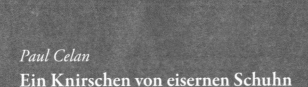

Paul Celan

Ein Knirschen von eisernen Schuhn

Ein Knirschen von eisernen Schuhn ist im Kirschbaum.
Aus Helmen schäumt dir der Sommer. Der schwärzliche Kuckuck
malt mit demantenem Sporn sein Bild an die Tore des Himmels.

Barhaupt ragt aus dem Blattwerk der Reiter.
Im Schild trägt er dämmernd dein Lächeln,
genagelt ans stählerne Schweißtuch des Feindes.
Es ward ihm verheißen der Garten der Träumer,
und Speere hält er bereit, dass die Rose sich ranke . . .

Unbeschuht aber kommt durch die Luft, der am meisten dir gleichet:
eiserne Schuhe geschnallt an die schmächtigen Hände,
verschläft er die Schlacht und den Sommer. Die Kirsche blutet für ihn.

Rainer Maria Rilke

Sommerabend

Die große Sonne ist versprüht,
der Sommerabend liegt im Fieber,
und seine heiße Wange glüht.
Jach seufzt er auf: »Ich möchte lieber ...«
Und wieder dann: »Ich bin so müd ...«

Die Büsche beten Litanein,
Glühwürmchen hangt, das regungslose,
dort wie ein ewiges Licht hinein;
und eine kleine weiße Rose
trägt einen roten Heiligenschein.

Ulla Hahn
Elegie auf einen Dichter

Hatte er Kinder? Eine Frau? Hund Vogel Katze? Hatte
sein Haus ein Dach?
War er von denen einer die aus Limousinen steigen
hinunter in die Bar   ins Grab   und
tiefer   dahin   wo Gut und Böse ihren blondgelockten
Unterschied verlieren   Stieg er so weit hinab?

Ein Bauer schaut den Feldern dankbar zu
Was kümmern ihn die Wurzeln   Er sieht
wie Korn die Halme füllt und stellt sich
Mittags in der Bäume Schatten

Tat das der Dichter auch? Stieß er das Fenster auf
wenn ihm nichts mehr gelang und setzte sich dem Schatten
eines größeren Schöpfers aus? Ließ er sein einsames
Gesicht vom Mond bestrahlen wenn er es nicht mehr aushielt
das Geschrei der Toten in den Büchern

Der Jäger jagt sein Wild mit Schlingen und mit Fallen
der Fischer reißt den Haken aus dem Maul zu kleiner Fische
wirft sie zurück und deckt die Augen dem der daliegt zu
im eisigen Bach

Tat das der Dichter auch? Hat er die Folianten durchgestürmt?
Das Leben? Lebte er Aug
in Auge? Oder Wort für Wort? Sprach er das Wort aus
leicht   sprach er es schwer schnell langsam mit Bedacht   Sprach er so
wie man das Korn sät für das Brot? Nahm er
den Wörtern ihre Dornen gab er sie zurück?

Hat er gespart? Für andere? Für sich? Hat er den Hut gezogen? Zahlte
er die Steuern? In frostigen Zeiten raschelte
das Alphabet wie steifgefrorenes Gras wenn er hindurchging
und schnitt in seine bloße Haut

Der Clown verschluckt sein Lachen   Unter der Kuppel
keucht der Akrobat fiebrig und strahlend
auf den Bänken muht die Meute und leckt die Lippen
nach Blut Schlagzeilen und nach Epitaphen

Für einen Dichter? Der die Augen zukniff wenn
er in die Sonne sah   Wie kleine Kinder
die am Fuße eines Sockels stehen auf dem ein Mann
steht   steinern   und auf dessen Schultern ein Kopf
so wie die Sonn am Himmel steht   So

blinzelte er wenn er Großes sah (und groß war
größer als er selbst) Zum Beispiel: Beete
frischer Blumen brachten ihn zum Blinzeln dass
ihm das Wasser aus den Augen trat
Oder am Fuß des Sockels
eine Rose bevor man sie im Herbst
im Dung verscharrt nach dem Gesetz
dass die Materie zerfällt und dass
das Wort ersetzbar ist und nicht die Dinge

Im Sommer lächeln schöne Frauen in den Straßen
wie von Altären oder Illustrierten tief in die Körper
ihrer Männer bis dahin wo man Kinder macht.

Über dem Nacken junger Mädchen
geht die Sonne auf   Es beben
die Planeten von all den Hände-
Füße- Lippenzärtlichkeiten und später
führen Mütter Kinder aller Wege
im Wagen zu Fuſt in den Bäumen im Bach   Hat er

77

da mitgelebt da mit gelebt? Ließ er sich fällen
von der Liebe Not? Hat er den Brand gekannt
den Hirnfraß wie von ungelöschtem Kalk? Lippen
aus denen Lächeln abgefeuert wird wie Projektile?
Mitten im Winter den Geruch von Sonne
auf nackter Haut und Heidelbeeren? Geschrei
aus einem Kinderwagen? Oder

ging er   ein schöner Mann   daran vorbei? Schlug
seinen Kragen hoch? Knallte die Tür?
Verkniff die Lippen? Galt ihm
das schwarze Wort mehr als der lichte Augenblick
Hat er am Ende nur für dieses Schwarz gelebt?
Hat er am Ende nur durch dieses Schwarz gelebt?
Nur schwarzes Wort gelebt? Hat ihn das Schwarz gelebt?

Hatte er Kinder? Eine Frau? Hund Vogel Katze?   Hatte
sein Haus ein Dach? Ein Ende?   Glücklich so
wie im Bilderbuch so wenn der böse Wicht stirbt und wir
leben weiter   Man sagt man habe ihn gefunden
lächelnd   Lächelnd zuletzt wie einer der zuletzt   lacht
Eitelkeit Staub und Asche   auf einer leeren Seite.

Wilhelm Busch

Immer wieder

Der Winter ging, der Sommer kam.
Er bringt aufs neue wieder
Den vielbeliebten Wunderkram
Der Blumen und der Lieder.

Wie das so wechselt Jahr um Jahr,
Betracht ich fast mit Sorgen.
Was lebte, starb, was ist, es war,
Und heute wird zu morgen.

Stets muss die Bildnerin Natur
Den alten Ton benützen
In Haus und Garten, Wald und Flur
Zu ihren neuen Skizzen.

Theodor Fontane
Im Garten

Die hohen Himbeerwände
Trennten dich und mich,
Doch im Laubwerk unsre Hände
Fanden von selber sich.

Die Hecke konnt es nicht wehren,
Wie hoch sie immer stund:
Ich reichte dir die Beeren,
Und du reichtest mir deinen Mund.

Ach, schrittest du durch den Garten
Noch einmal im raschen Gang,
Wie gerne wollt ich warten,
Warten stundenlang.

Joachim Ringelnatz

Sommerfrische

Zupf dir ein Wölkchen aus dem Wolkenweiß,
Das durch den sonnigen Himmel schreitet.
Und schmücke den Hut, der dich begleitet,
Mit einem grünen Reis.

Verstecke dich faul in die Fülle der Gräser.
Weil's wohltut, weil's frommt.
Und bist du ein Mundharmonikabläser
Und hast eine bei dir, dann spiel, was dir kommt.

Und lass deine Melodien lenken
Von dem freigegebenen Wolkengezupf.
Vergiss dich. Es soll dein Denken
Nicht weiter reichen, als ein Grashüpferhupf.

Paul Gerhardt

Sommer-Gesang

In dieser lieben Sommerzeit
An deines Gottes Gaben;
Schau an der schönen Gärten Zier
Und siehe, wie sie mir und dir
Sich ausgeschmücket haben.

Die Bäume stehen voller Laub,
Das Erdreich decket seinen Staub
Mit einem grünen Kleide;
Narzissus und die Tulipan,
Die ziehen sich viel schöner an
Als Salomonis Seide.

Die Lerche schwingt sich in die Luft,
Das Täublein fleucht aus seiner Kluft
Und macht sich in die Wälder;
Die hochbegabte Nachtigall
Ergötzt und füllt mit ihrem Schall
Berg, Hügel, Tal und Felder.

Die Glucke führt ihr Völklein aus,
Der Storch baut und bewohnt sein Haus,
Das Schwälblein speist ihr Jungen;
Der schnelle Hirsch, das leichte Reh
Ist froh und kommt aus seiner Höh
Ins tiefe Gras gesprungen.

Die Bächlein rauschen in dem Sand
Und malen sich und ihren Rand
Mit schattenreichen Myrten;
Die Wiesen liegen hart dabei
Und klingen ganz von Lustgeschrei
Der Schaf und ihrer Hirten.

Die unverdrossne Bienenschar
Zieht hin und her, sucht hier und dar
Ihr edle Honigspeise;
Des süßen Weinstocks starker Saft
Kriegt täglich neue Stärk und Kraft
In seinem schwachen Reise.

Der Weizen wächset mit Gewalt;
Darüber jauchzet jung und alt
Und rühmt die große Güte
Des, der so überflüssig labt
Und mit so manchem Gut begabt
Das menschliche Gemüte.

Ich selbsten kann und mag nicht ruhn,
Des großen Gottes großes Tun
Erweckt mir alle Sinnen;
Ich singe mit, wenn alles singt,
Und lasse, was dem Höchsten klingt,
Aus meinem Herzen rinnen.

Ach, denk ich, bist du hier so schön
Und lässt dus uns so lieblich gehn
Auf dieser armen Erden,
Was will doch wohl nach dieser Welt
Dort in dem reichen Himmelszelt
Und güldnen Schlosse werden!

Theodor Storm

Sommermittag

Nun ist es still um Hof und Scheuer,
Und in der Mühle ruht der Stein;
Der Birnenbaum mit blanken Blättern
Steht regungslos im Sonnenschein.

Die Bienen summen so verschlafen;
Und in der offnen Bodenluk',
Benebelt von dem Duft des Heues,
Im grauen Röcklein nickt der Puk.

Der Müller schnarcht und das Gesinde,
Und nur die Tochter wacht im Haus;
Die lachet still und zieht sich heimlich
Fürsichtig die Pantoffeln aus.

Sie geht und weckt den Müllerburschen,
Der kaum den schweren Augen traut:
»Nun küsse mich, verliebter Junge;
Doch sauber, sauber! nicht zu laut.«

Johann Wolfgang von Goethe

Die Nektartropfen

Als Minerva, jenen Liebling,
Den Prometheus, zu begünstgen,
Eine volle Nektarschale
Von dem Himmel niederbrachte,
Seine Menschen zu beglücken
Und den Trieb zu holden Künsten
Ihrem Busen einzuflößen,
Eilte sie mit schnellen Füßen,
Dass sie Jupiter nicht sähe;
Und die goldne Schale schwankte,
Und es fielen wenig Tropfen
Auf den grünen Boden nieder.

Emsig waren drauf die Bienen
Hinterher und saugten fleißig;
Kam der Schmetterling geschäftig,
Auch ein Tröpfchen zu erhaschen;
Selbst die ungestalte Spinne
Kroch herbei und sog gewaltig.

Glücklich haben sie gekostet,
Sie und andre zarte Tierchen!
Denn sie teilen mit dem Menschen
Nun das schönste Glück, die Kunst.

Friederike Mayröcker

Kindersommer

Erträumter einsamer blauer Engel
in meinem Herzen läutet ein heller Regen
in meinen Händen blühen die Glockenblumen
Salbeiblüten wehen mich an
die Perlenkette der Tränen gleitet
an den liegenden Schläfen nieder
immer ist Nachmittag
immer bin ich über einer Brücke von Staub
mein Birnbaum wirft Scherben ab
leise flötet der Schatten
mein Fusz ist warm und nackt an der Erde
drüben im dunklen Bereich der Schaukel
geigt die Angst
die Stuben sind dumpf und vertraut
über den feuchten Schwellen
blühen Schwertlilien auf
Abend lila und leicht
Abend durch vergessene Fenster
Abend
ich musz mein heiszes hüstelndes Kranksein
in hohen Kissen verbergen
Nacht
ich lasse Akazienblätter treiben
ich liebe den Wind
die rauschenden runden Weiden führen irgendwohin
eine Mohnblume wartet auf mich

Gottfried Benn

Einsamer nie –

Einsamer nie als im August:
Erfüllungsstunde – im Gelände
die roten und die goldenen Brände,
doch wo ist deiner Gärten Lust?

Die Seen hell, die Himmel weich,
die Äcker rein und glänzen leise,
doch wo sind Sieg und Siegsbeweise
aus dem von dir vertretenen Reich?

Wo alles sich durch Glück beweist
und tauscht den Blick und tauscht die Ringe
im Weingeruch, im Rausch der Dinge –:
dienst du dem Gegenglück, dem Geist.

Ilma Rakusa

Sommer

Sommer ist:
wenn das Zimmer bei halbgeschlossenen
Jalousien vor sich hin dämmert,
wenn eine einsame Fliege brummend
das Freie sucht und nicht findet,
wenn draußen Zikaden zirpen
bei brütender Hitze, während über
die Fliesen Lichthasen huschen,
zitternd weiße Geschöpfe,
und Vasen, Töpfe, Krüge als
Stillleben gänzlich ruhen.

Marie Luise Kaschnitz

Hochsommer

Im Erntemonde, wenn die Halme bleichen
Verstummt der Vögel Sang. Die Erde ruht.
Es wächst die gründe Decke auf den Teichen
Erstickt die Flut.

Der Brunnenschale Wasser geht zur Neige,
Der Efeu streckt die kleine Totenhand
Im Garten schlingen Ranken sich und Zweige
Zu finstrer Wand.

Die roten Beeren schimmern aus dem Laube
Es tritt der Fremde in den Garten ein
Zerpresst die leuchtende Johannistraube
Wie Blut und Wein.

Es dämmert in der Schluchten matter Wärme
Auf faulem Teich ein Regenbogenglanz,
Bei Schilf und Lattich heben Fliegenschwärme
Sich hoch im Tanz.

Die Zeit ist kurz. Die Liebenden umgreifen
Sich jäh in wilden Ängsten, dumpf und blind.
Nah ist der Herbst. Die Frucht will reifen, reifen,
Es ruht der Wind.

Heinrich Heine
Es liegt der heiße Sommer

Es liegt der heiße Sommer
Auf deinen Wängelein;
Es liegt der Winter, der kalte,
In deinem Herzchen klein.

Das wird sich bei dir ändern,
Du Vielgeliebte mein!
Der Winter wird auf den Wangen,
Der Sommer im Herzen sein.

Friederike Mayröcker

der Sternhimmel im August

der Blitze Umlauf
flüchtet mich ins Haus.
Ich sehe dasz du durch den Regen kommst.
Betört, an deine Brust
gesunken, das sanfte Kissen
deiner Zunge spüren
und deine Arme wie sie mich umschlungen
halten.

Die Anarchie ist ausgebrochen unter meinen Sinnen.
Es möchte jeder herrschen vor dem andern.
Das Auge vor dem Ohr, und dieses vor
dem Aug, und Aug und Ohr vor
Nase, Mund vor Hand :

die blassen Blumen
deiner Fingerkuppen pflückend
bewohnend
deines weiszen Fuszes Höhlung.

Die neuen Sterne ziehen auf.

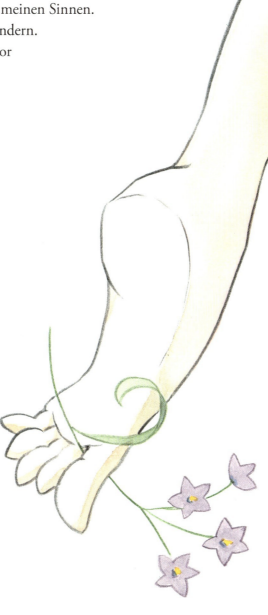

Erich Kästner

Der August

Nun hebt das Jahr die Sense hoch
und mäht die Sommertage wie ein Bauer.
Wer sät, muss mähen.
Und wer mäht, muss säen.
Nichts bleibt, mein Herz. Und alles ist von Dauer.

Stockrosen stehen hinterm Zaun
in ihren alten, brüchigseidnen Trachten.
Die Sonnenblumen, üppig, blond und braun,
mit Schleiern vorm Gesicht, schaun aus wie Frau'n,
die eine Reise in die Hauptstadt machten.

Wann reisten sie? Bei Tage kaum.
Stets leuchteten sie golden am Stakete.
Wann reisten sie? Vielleicht im Traum?
Nachts, als der Duft vom Lindenbaum
an ihnen abschiedssüß vorüberwehte?

In Büchern liest man groß und breit,
selbst das Unendliche sei nicht unendlich.
Man dreht und wendet Raum und Zeit.
Man ist gescheiter als gescheit, –
das Unverständliche bleibt unverständlich.

Ein Erntewagen schwankt durchs Feld.
Im Garten riecht's nach Minze und Kamille.
Man sieht die Hitze. Und man hört die Stille.
Wie klein ist heut die ganze Welt!
Wie groß und grenzenlos ist die Idylle ...

Nichts bleibt, mein Herz. Bald sagt der Tag Gutnacht.
Sternschnuppen fallen dann, silbern und sacht,
ins Irgendwo, wie Tränen ohne Trauer.
Dann wünsche deinen Wunsch, doch gib gut acht!
Nichts bleibt, mein Herz. Und alles ist von Dauer.

Heinrich Heine

Dämmernd liegt der Sommerabend

Dämmernd liegt der Sommerabend
Über Wald und grünen Wiesen;
Goldner Mond, im blauen Himmel,
Strahlt herunter, duftig labend.

An dem Bache zirpt die Grille,
Und es regt sich in dem Wasser,
Und der Wandrer hört ein Plätschern
Und ein Atmen in der Stille.

Dorten an dem Bach alleine,
Badet sich die schöne Elfe;
Arm und Nacken, weiß und lieblich,
Schimmern in dem Mondenscheine.

Ulrich Maske
Der Wolf und die Schwalbe

Der Sommer war kalt wie nie zuvor
Und sein Fell wurde langsam grau
Er sehnte sich nach irgendwas
Das kannte er nicht genau
Die alten Pfade durchs Unterholz
Ging er wie immer schon
Dachte nicht böser als sonst auch
Da hörte er ihren Ton
 Der Wolf ist wild
 Der Wolf ist einsam
 Und so muss er wohl auch sein
 Wenn er heult
 Glänzt eine Träne
 Und dann fühlt er sich allein

Die Schwalbe war es, die dort sang
Ihr Lied hat ihn betört
Er zog die Krallen ein und hat
Ihr ruhig zugehört
Sie sang von Wärme und von Licht
Und von dem Nest für zwei
Und dass sie bei ihm bleiben wollt
Wär auch der Sommer mal vorbei
 Der Wolf ist wild
 Der Wolf ist einsam
 Und so muss er wohl auch sein
 Wenn er heult
 Glänzt eine Träne
 Und dann fühlt er sich allein

Sanft war der Wolf und flog so gern
Ihren Träumen hinterher
Sein linkes Ohr riss er sich ab
Das schenkte er ihr und noch mehr
Doch als die erste Wolke kam
Und der Tag war noch nicht alt
War die Schwalbe fort nach Süden
Und der Sommer war wieder kalt
 Der Wolf ist wild
 Der Wolf ist einsam
 Und so muss er wohl auch sein
 Wenn er heult
 Glänzt eine Träne
 Und dann fühlt er sich allein

Joseph von Eichendorff
Sehnsucht

Es schienen so golden die Sterne,
Am Fenster ich einsam stand
Und hörte aus weiter Ferne
Ein Posthorn im stillen Land.
Das Herz mir im Leib entbrennte;
Da hab ich mir heimlich gedacht:
Ach, wer da mitreisen könnte
In der prächtigen Sommernacht!

Zwei junge Gesellen gingen
Vorüber am Bergeshang,
Ich hörte im Wandern sie singen
Die stille Gegend entlang:
Von schwindelnden Felsenschlüften,
Wo die Wälder rauschen so sacht,
Von Quellen, die von den Klüften
Sich stürzen in die Waldesnacht.

Sie sangen von Marmorbildern,
Von Gärten, die überm Gestein
In dämmernden Lauben verwildern,
Palästen im Mondenschein,
Wo die Mädchen am Fenster lauschen,
Wann der Lauten Klang erwacht
Und die Brunnen verschlafen rauschen
In der prächtigen Sommernacht. –

Georg Trakl

Sommersneige

Der grüne Sommer ist so leise
Geworden, dein kristallenes Antlitz.
Am Abendweiher starben die Blumen,
Ein erschrockener Amselruf.

Vergebliche Hoffnung des Lebens. Schon rüstet
Zur Reise sich die Schwalbe im Haus
Und die Sonne versinkt am Hügel;
Schon winkt zur Sternenreise die Nacht.

Stille der Dörfer; es tönen rings
Die verlassenen Wälder. Herz,
Neige dich nun liebender
Über die ruhige Schläferin.

Der grüne Sommer ist so leise
Geworden und es läutet der Schritt
Des Fremdlings durch die silberne Nacht.
Gedächte ein blaues Wild seines Pfads,

Des Wohllauts seiner geistlichen Jahre!

Friederike Mayröcker
Eine gelbe Gladiole

eine gelbe Gladiole
ist mein Herz
eine gelbe Perle
ist mein Herz
ein gelber Wald voller
Ahornblätter
ist mein Herz

früher war mein Herz
rot
oder blau
oder grün
oder weisz wie
ein Frühling:

aber jetzt
ist mein Herz gelb.

Ulrich Maske

Nacht

Hör nur, das Meer
Wie es leise rauscht
Zikaden zirpen Lieder
Ich nippe von dem kühlen Wein
Ich muss dich ansehn
Immer wieder
Und seh, du lauschst
Ganz still in dich hinein

Rose Ausländer
Spätsommer

Die Farben der Anemonen
werden bleich

Mach dir nichts vor
es geht zu Ende

Unsichtbare Raubtiere
schleichen
um deine Lebenslust

Angst durchbohrt
deinen Sommertraum

Bald
blühen Eisblumen

Erfinde
ein Apfellied

Heinrich Heine
Der scheidende Sommer

Das gelbe Laub erzittert,
Es fallen die Blätter herab;
Ach! alles was hold und lieblich
Verwelkt und sinkt ins Grab.

Die Wipfel des Waldes umflimmert
Ein schmerzlicher Sonnenschein;
Das mögen die letzten Küsse
Des scheidenden Sommers sein.

Mir ist, als müsst ich weinen
Aus tiefstem Herzensgrund –
Dies Bild erinnert mich wieder
An unsre Abschiedsstund.

Ich musste von dir scheiden,
Und wusste, du stürbest bald;
Ich war der scheidende Sommer,
Du warst der kranke Wald.

Mascha Kaléko

Ein welkes Blatt ...

Ein welkes Blatt – und jedermann weiß: Herbst.
Fröstelnd klirren die Fenster zur Nacht.
O grüne Welt, wie grell du dich verfärbst!

Schon raschelt der Winter im Laube.
Und die Vögel haben, husch, sich aus dem Staube
Gemacht.

Wie letzte Früchte fielen ihre Lieder vom Baum.
Nun haust der Wind in den Zweigen.

Die Alten im Park, sie neigen
Das Haupt noch tiefer. Und auch die Liebenden
Schweigen.

Bald sind alle Boote im Hafen.
Die Schwäne am Weiher schlafen
Im Nebellicht.

Sommer – entflogener Traum!
Und Frühling – welch sagenhaft fernes Gerücht!

Ein welkes Blatt treibt still im weiten Raum,
Und alle wissen: Herbst.

Ulrich Maske

Lass uns nicht mehr lange warten

Meine Sätze werden länger
Die Ampel springt auf rot
Und ich werde immer ernster
Doch du lachst dich lieber tot
Gedanken sind Gedanken
Die Karawane steht
Und wir reden über Bäume
So lange das noch geht

Dann beginne ich zu schweigen
Jetzt sagst du mir vor
Wirst dabei immer ernster
Und ich lache dir ins Ohr
Schon hat hinter unserem Rücken
Der Hahn zum dritten Mal gekräht
Komm, wir reden über Bäume
Auch wenn der Wind jetzt stärker weht

Ist es noch Frühling
Oder ist es schon zu spät?
Ist das der Sommer
Der zu schnell zu Ende geht?
Ist wieder Herbst
Lang und schwer?
Und – ist das Liebe?
Dann gib mir mehr!

Bald geht die Sonne langsam unter
Auch der Film ist nicht, wie er war
Und wir sehn uns in die Augen
Bisschen verrückt und doch ganz klar
Und wir reden, reden, reden
Worte, die nur wir verstehn
Manche Bäume wachsen langsam
Wenn die rauen Stürme wehn

Es schneiet keine roten Rosen
Regnet keinen kühlen Wein
Lass uns nicht mehr lange warten
Morgen schon soll's anders sein
Lass Computer heiß sich laufen
Lass den Hahn sich heiser krähn
Küss mich, und wir wolln zusammen
Wieder auf die Straßen gehen

     Ist es noch Frühling
     Oder ist es schon zu spät?
     Ist das der Sommer
     Der zu schnell zu Ende geht?
     Ist wieder Herbst
     Lang und schwer?
     Und – ist das Liebe?
     Dann gib mir mehr!

Wilhelm Busch

Im Herbst

Der schöne Sommer ging von hinnen,
Der Herbst, der reiche, zog ins Land.
Nun weben all die guten Spinnen
So manches feine Festgewand.

Sie weben zu des Tages Feier
Mit kunstgeübtem Hinterbein
Ganz allerliebste Elfenschleier
Als Schmuck für Wiese, Flur und Hain.

Ja, tausend Silberfäden geben
Dem Winde sie zum leichten Spiel,
Die ziehen sanft dahin und schweben
Ans unbewusst bestimmte Ziel.

Sie ziehen in das Wunderländchen,
Wo Liebe scheu im Anbeginn,
Und leis verknüpft ein zarten Bändchen
Den Schäfer mit der Schäferin.

Theodor Storm

Komm, lass uns spielen

Wie bald des Sommers holdes Fest verging!
Rauh weht der Herbst; wird's denn auch Frühling
      wieder?

Da fällt ein bleicher Sonnenstrahl hernieder –
Komm, lass uns spielen, weißer Schmetterling!

Ach, keine Nelke, keine Rose mehr;
Am Himmel fährt ein kalt Gewölk daher!

Weh, wie so bald des Sommers Lust verging –
O komm! Wo bist du, weißer Schmetterling?

Ricarda Huch
Herbst

September sitzt auf einer hohlen Weide,
Spritzt Seifenblasen in die laue Luft;
Die Sonne sinkt; aus brauner Heide
Steigt Ambraduft.

Als triebe Wind sie, ziehn die leichten Bälle
Im goldnen Schaum wie Segel von Opal,
Darüber schwebt in seidener Helle
Der Himmelssaal.

Auf fernen Tennen stampft der Erntereigen,
Im Takt der Drescher schwingt der starre Saum.
Handörgelein und Bass und Geigen
Summt süß im Raum.

Eduard Mörike

Septembermorgen

Im Nebel ruhet noch die Welt,
Noch träumen Wald und Wiesen:
Bald siehst du, wenn der Schleier fällt,
Den blauen Himmel unverstellt,
Herbstkräftig die gedämpfte Welt
In warmem Golde fließen.

Christian Morgenstern

Früh-Herbst

Sieh, des Herbstes Geisteshelle
Klärt und adelt die Gelände;
Erdenbreiten, Himmelswände
Kost dieselbe lautre Welle.

O du glückversunken Säumen,
Eh die Sommerfarben sterben!
O du letztes Liebeswerben
Aus den unbegriffnen Räumen!

Dass mir so die Seele leuchte,
Wann ich einst des Winters werde!
Und in meines Auges Feuchte
Spiegelt sich der Schmelz der Erde.

Matthias Claudius
Kartoffellied

Pasteten hin, Pasteten her,
was kümmern uns Pasteten?
Die Kumme hier ist auch nicht leer
und schmeckt so gut als bonne chere
von Fröschen und von Kröten.

Und viel Pastet und Leckerbrot
verdirbt nur Blut und Magen.
Die Köche kochen lauter Not,
sie kochen uns viel eher tot;
Ihr Herren, lasst Euch sagen!

Schön rötlich die Kartoffeln sind
und weiß wie Alabaster!
Sie däun sich lieblich und geschwind
und sind für Mann und Frau und Kind
ein rechtes Magenpflaster.

Wilhelm Busch

In trauter Verborgenheit

Ade, ihr Sommertage,
Wie seid ihr so schnell enteilt,
Gar mancherlei Lust und Plage
Habt ihr uns zugeteilt.

Wohl war es ein Entzücken,
Zu wandeln im Sonnenschein,
Nur die verflixten Mücken
Mischten sich immer darein.

Und wenn wir auf Waldeswegen
Dem Sange der Vögel gelauscht,
Dann kam natürlich ein Regen
Auf uns herniedergerauscht.

Die lustigen Sänger haben
Nach Süden sich aufgemacht,
Bei Tage krächzen die Raben,
Die Käuze schreien bei Nacht.

Was ist das für Gesause!
Es stürmt bereits und schneit.
Da bleiben wir zwei zu Hause
In trauter Verborgenheit.

Kein Wetter kann uns verdrießen.
Mein Liebchen, ich und du,
Wir halten uns warm und schließen
Hübsch feste die Türen zu.

Johann Gaudenz von Salis-Seewis

Herbstlied

Bunt sind schon die Wälder,
Gelb die Stoppelfelder,
Und der Herbst beginnt.
Rote Blätter fallen,
Graue Nebel wallen,
Kühler weht der Wind.

Wie die volle Traube
Aus dem Rebenlaube
Purpurfarbig strahlt!
Am Geländer reifen
Pfirsiche mit Streifen
Rot und weiß bemalt.

Sieh! Wie hier die Dirne
Emsig Pflaum und Birne
In ihr Körbchen legt,
Dort mit leichten Schritten
Jene goldnen Quitten
In den Landhof trägt!

Flinke Träger springen,
Und die Mädchen singen,
Alles jubelt froh!
Bunte Bänder schweben
Zwischen hohen Reben
Auf dem Hut von Stroh.

Geige tönt und Flöte
Bei der Abendröte
Und im Mondenglanz;
Junge Winzerinnen
Winken und beginnen
Deutschen Ringeltanz.

Hoffmann von Fallersleben

Bald fällt von diesen Zweigen

Bald fällt von diesen Zweigen
Das letzte Laub herab.
Die Busch' und Wälder schweigen,
Die Welt ist wie ein Grab

Wo sind sie denn geblieben?
Ach, sie sangen einst so schön
Der Reif hat sie vertrieben
Weg über Tal und Höh'n.

Und bange wird's und bänger
Und öd' in Feld und Hag;
Die Nächte werden länger
Und kürzer wird der Tag

Die Vögel sind verschwunden,
Suchen Frühling anderswo;
Nur wo sie den gefunden,
Da sind sie wieder froh.

Und wenn von diesen Zweigen
Das letzte Laub nun fällt,
Wenn Busch' und Wälder schweigen,
Als trauerte die Welt

Dein Frühling kann nicht schwinden,
Immer gleich bleibt dein Geschick,
Du kannst den Frühling finden
Noch jeden Augenblick

Theodor Fontane

Herr von Ribbeck auf Ribbeck im Havelland

Herr von Ribbeck auf Ribbeck im Havelland,
Ein Birnbaum in seinem Garten stand,
Und kam die goldene Herbsteszeit,
Und die Birnen leuchteten weit und breit,
Da stopfte, wenns Mittag vom Turme scholl,
Der von Ribbeck sich beide Taschen voll,
Und kam in Pantinen ein Junge daher,
So rief er: »Junge, wist 'ne Beer?«
Und kam ein Mädel, so rief er: »Lütt Dirn,
Kumm man röwer, ick hebb 'ne Birn.«

So ging es viel Jahre, bis lobesam
Der von Ribbeck auf Ribbeck zu sterben kam.
Er fühlte sein Ende. 's war Herbsteszeit,
Wieder lachten die Birnen weit und breit,
Da sagte von Ribbeck: »Ich scheide nun ab.
Legt mir eine Birne mit ins Grab.«
Und drei Tage drauf, aus dem Doppeldachhaus,
Trugen von Ribbeck sie hinaus,
Alle Bauern und Büdner, mit Feiergesicht,
Sangen »Jesus, meine Zuversicht«,
Und die Kinder klagten, das Herze schwer:
»He is dod nu. Wer giwt uns nu 'ne Beer?«

So klagten die Kinder. Das war nicht recht.
Ach, sie kannten den alten Ribbeck schlecht,
Der *neue* freilich, der knausert und spart,
Hält Park und Birnbaum strenge verwahrt,
Aber der *alte*, vorahnend schon
Und voll Misstraun gegen den eigenen Sohn,
Der wusste genau, was damals er tat,
Als um eine Birn ins Grab er bat,
Und im dritten Jahr, aus dem stillen Haus
Ein Birnbaumsprössling sprosst heraus.

Und die Jahre gehen wohl auf und ab,
Längst wölbt sich ein Birnbaum über dem Grab,
Und in der goldenen Herbsteszeit
Leuchtets wieder weit und breit.
Und kommt ein Jung übern Kirchhof her,
So flüsterts im Baume: »Wiste 'ne Beer?«
Und kommt ein Mädel, so flüsterts: »Lütt Dirn,
Kumm man röwer ick gew di 'ne Birn.«

So spendet Segen noch immer die Hand
Des von Ribbeck auf Ribbeck im Havelland.

Leopold Friedrich Günther von Goeckingk
Herbstlied

Hu hu! wie kommt der Wind so kalt
Schon über die Stoppel gelaufen!
Wie färbet sich so gelb der Wald,
Und wie versammeln sich so bald
Die Schwalben zum Abzug in Haufen!

Die Wiese dampft, der Brocken braut
Und schüttelt, Schauer auf Schauer,
Den Regen ab; durch Nebel schaut
Die Sonn herab, wie eine Braut
Gehüllet in düstere Trauer.

Ein Heer von Drosseln kommt vom Rhein
Im Schimmer des Morgens gezogen;
Doch manche wird bei Hespers Schein
Bereits des Amtmanns Speise sein,
Durch rötliche Beeren betrogen.

Der Kantor sondert nun das Wachs
Vom goldgelben Honig der Scheiben;
Die Dirne sonnt den grauen Flachs,
Der Jäger gräbt, um Fuchs und Dachs
Hervor aus dem Baue zu treiben.

Wir suchen das Kamin nunmehr,
Ohn ewig aufs Wetter zu schmälen.
Ist unser eigner Kopf zu leer,
So soll Herr Mars von Land und Meer
Uns etwas Neues erzählen.

Süß mag es sein, fürs Vaterland
Als Held zu sterben mit Freuden!
Doch haben wir so viel Verstand,
Um Fürstengeiz und Vaterland
Ein wenig zu unterscheiden.

Lasst uns, bei dieser Schale Punsch,
Dem Himmel danken, ihr Lieben!
Dass wir, nach unsrer Jugend Wunsch,
Nicht da sind, wo die Schalen Punsch
Von Kugeln in Scherben zerstieben.

Joseph von Eichendorff
Herbst

Es ist nun der Herbst gekommen,
Hat das schöne Sommerkleid
Von den Feldern weggenommen
Und die Blätter ausgestreut,
Vor dem bösen Winterwinde
Deckt er warm und sachte zu
Mit dem bunten Laub die Gründe,
Die schon müde gehn zur Ruh.

Durch die Felder sieht man fahren
Eine wunderschöne Frau,
Und von ihren langen Haaren
Goldne Fäden auf der Au
Spinnet sie und singt im Gehen:
Eia, meine Blümelein,
Nicht nach andern immer sehen,
Eia, schlafet, schlafet ein.

Und die Vöglein hoch in Lüften
Über blaue Berg und Seen
Ziehn zur Ferne nach den Klüften,
Wo die hohen Zedern stehn,
Wo mit ihren goldnen Schwingen
Auf des Benedeiten Gruft
Engel Hosianna singen
Nächtens durch die stille Luft.

Rose Ausländer
Herbstlicher Ausschnitt

Eine schräge Strahlengarbe
schoss vom Himmel wie ein Pfeil,
zeichnete mit goldner Farbe
auf die Erde neues Heil,
sprang im Jubel auf die Dächer,
dass sie wogten wie ein See,
schwang liebkosend einen Fächer
über Dunkelheit und Weh.

Sieh, der Himmel scheint gespalten:
Dort ein düstrer Wolkenstrom
geisterhafter Nachtgestalten;
hier: ein stolzer Sonnendom. –
Fluss und Fenster widerblitzen,
Gassen wiegen sich im Tanz,
und es lächeln selbst die Pfützen
silberklar im jähen Glanz.

Friedrich Hebbel
Herbstbild

Dies ist ein Herbsttag, wie ich keinen sah!
    Die Luft ist still, als atmete man kaum,
Und dennoch fallen raschelnd, fern und nah,
    Die schönsten Früchte ab von jedem Baum.

O stört sie nicht, die Feier der Natur!
    Dies ist die Lese, die sie selber hält,
Denn heute löst sich von den Zweigen nur,
    Was vor dem milden Strahl der Sonne fällt.

Heinrich Heine

Geträumtes Glück

Als die junge Rose blühte
Und die Nachtigall gesungen,
Hast du mich geherzt, geküsset,
Und mit Zärtlichkeit umschlungen.

Nun der Herbst die Ros entblättert
Und die Nachtigall vertrieben,
Bist du auch davon geflogen
Und ich bin allein geblieben.

Lang und kalt sind schon die Nächte –
Sag wie lange wirst du säumen?
Soll ich immer mich begnügen
Nur vom alten Glück zu träumen?

Joseph von Eichendorff
aus: **Nachklänge**

O Herbst, in linden Tagen
Wie hast du rings dein Reich
Phantastisch aufgeschlagen,
So bunt und doch so bleich!

Wie öde, ohne Brüder,
Mein Tal so weit und breit,
Ich kenne dich kaum wieder
In dieser Einsamkeit.

So wunderbare Weise
Singt nun dein bleicher Mund,
Es ist, als öffnet leise
Sich unter mir der Grund.

Und ich ruht überwoben,
Du sängest immerzu,
Die Linde schüttelt oben
Ihr Laub und deckt mich zu.

Heinrich Heine

Spätherbstnebel

Spätherbstnebel, kalte Träume,
Überfloren Berg und Tal,
Sturm entblättert schon die Bäume,
Und sie schaun gespenstisch kahl.

Nur ein einzger, traurig schweigsam
Einzger Baum steht unentlaubt,
Feucht von Wehmutstränen gleichsam,
Schüttelt er sein grünes Haupt.

Ach, mein Herz gleicht dieser Wildnis,
Und der Baum, den ich dort schau
Sommergrün, das ist dein Bildnis,
Vielgeliebte, schöne Frau!

Georg Heym
Der Herbst

Viele Drachen stehen in dem Winde
Tanzend in der weiten Lüfte Reich.
Kinder stehn im Feld in dünnen Kleidern,
Sommersprossig und mit Stirnen bleich.

In dem Meer der goldnen Stoppeln segeln
Kleine Schiffe, weiß und leicht erbaut;
Und in Träumen seiner leichten Weite
Sinkt der Himmel wolkenüberblaut.

Weit gerückt in unbewegter Ruhe
Steht der Wald wie eine rote Stadt.
Und des Herbstes goldne Flaggen hängen
Von den höchsten Türmen schwer und matt.

Karl von Gerok
Herbstgefühl

Müder Glanz der Sonne!
Blasses Himmelblau!
Von verklungner Wonne
Träumet still die Au.

An der letzten Rose
Löset lebenssatt
Sich das letzte, lose
Bleiche Blumenblatt.

Goldenes Entfärben
Schleicht sich durch den Hain;
Auch Vergehn und Sterben
Deucht mir süß zu sein.

Friedrich Hölderlin
Hälfte des Lebens

Mit gelben Birnen hänget
Und voll mit wilden Rosen
Das Land in den See,
Ihr holden Schwäne,
Und trunken von Küssen
Tunkt ihr das Haupt
Ins heilignüchterne Wasser.

Weh mir, wo nehm ich, wenn
Es Winter ist, die Blumen, und wo
Den Sonnenschein,
Und Schatten der Erde?
Die Mauern stehn
Sprachlos und kalt, im Winde
Klirren die Fahnen.

Theodor Storm
Herbst

I
Schon ins Land der Pyramiden
Flohn die Störche übers Meer;
Schwalbenflug ist längst geschieden,
Auch die Lerche singt nicht mehr.

Seufzend in geheimer Klage
Streift der Wind das letzte Grün;
Und die süßen Sommertage,
Ach, sie sind dahin, dahin!

Nebel hat den Wald verschlungen,
Der dein stillstes Glück gesehn;
Ganz in Duft und Dämmerungen
Will die schöne Welt vergehn.

Nur noch einmal bricht die Sonne
Unaufhaltsam durch den Duft,
Und ein Strahl der alten Wonne
Rieselt über Tal und Kluft.

Und es leuchten Wald und Heide,
Dass man sicher glauben mag,
Hinter allem Winterleide
Lieg' ein ferner Frühlingstag.

II
Die Sense rauscht, die Ähre fällt,
Die Tiere räumen scheu das Feld,
Der Mensch begehrt die ganze Welt.

Und sind die Blumen abgeblüht,
So brecht der Äpfel goldne Bälle;
Hin ist die Zeit der Schwärmerei,
So schätzt nun endlich das Reelle!

Nikolaus Lenau
Vorwurf

Du klagst, dass bange Wehmut dich beschleicht,
Weil sich der Wald entlaubt
Und über deinem Haupt
Dahin der Wanderzug der Vögel streicht.

O klage nicht, bist selber wandelhaft;
Denkst du der Liebesglut?
Wie nun so traurig ruht
In deiner Brust die müde Leidenschaft!

Rainer Maria Rilke

Herbsttag

Herr: es ist Zeit. Der Sommer war sehr groß.
Leg deinen Schatten auf die Sonnenuhren,
und auf den Fluren lass die Winde los.

Befiehl den letzten Früchten voll zu sein;
gieb ihnen noch zwei südlichere Tage,
dränge sie zur Vollendung hin und jage
die letzte Süße in den schweren Wein.

Wer jetzt kein Haus hat, baut sich keines mehr.
Wer jetzt allein ist, wird es lange bleiben,
wird wachen, lesen, lange Briefe schreiben
und wird in den Alleen hin und her
unruhig wandern, wenn die Blätter treiben.

Ulrich Maske
Oktoberwind

Der Oktoberwind pfeift schon sein Lied ins alte graue Schloss
Doch drinnen ist es friedlich, ein paar Kerzen flackern bloß
Fällt auch das letzte Blatt vom Baum, mein Herzblatt bleibst ja du
Sing hush-a-by-loo, la-loo lo-lan
Sing hush-a-by loo-la-low

Nichts Böses soll mit dir und mir in diesen Mauern sein
Die schwarzen Wolken jagt der Wind, die Luft ist kalt und rein
Und leise Stimmen flüstern uns geheime Worte zu
Sing hush-a-by-loo, la-loo lo-lan
Sing hush-a-by loo-la-low

Im Garten vor dem Tor wächst meine Hoffnung mit der Zeit
Bald fliegst du, junger Adler, öffnest deine Schwingen weit
Die Welt hat viel zu tun, doch heut gönnt sie dir deine Ruh
Sing hush-a-by-loo, la-loo lo-lan
Sing hush-a-by loo-la-low

Siegfried August Mahlmann
Herbstlied

Das Laub fällt von den Bäumen,
Das zarte Sommerlaub!
Das Leben mit seinen Träumen
Zerfällt in Asch und Staub!

Die Vöglein im Walde sangen,
Wie schweigt der Wald jetzt still!
Die Lieb ist fortgegangen,
Kein Vöglein singen will.

Die Liebe kehrt wohl wieder
Im künftgen lieben Jahr,
Und alles tönt dann wieder,
Was hier verklungen war.

Der Winter sei willkommen,
Sein Kleid ist rein und neu!
Den Schmuck hat er genommen,
Den Keim bewahrt er treu!

Selma Merbaum

Kastanien

Auf dem glatten hellen Wege
liegen sie, verstreut und müde,
braun und lächelnd wie ein weicher Mund,
voll und glänzend, lieb und rund,
hör' ich sie wie perlende Etüde.

Wie ich eine nehme und in meine Hand sie lege,
sanft und zärtelnd wie ein kleines Kind,
denk' ich an den Baum und an den Wind,
wie er leise durch die Blätter sang,
und wie den Kastanien dieses weiche Lied
sein muss wie der Sommer, der unmerklich schied,
nur als letzten Abschied lassend diesen Klang.

Und die eine hier in meiner Hand
ist nicht braun und glänzend wie die andern,
sie ist matt und schläfrig wie der Sand,
der mit ihr durch meine Finger rollt.
Langsam, Schritt für Schritt, wie ungewollt
lass' ich meine Füße weiter wandern.

Conrad Ferdinand Meyer

Fülle

Genug ist nicht genug! Gepriesen werde
Der Herbst! Kein Ast, der seiner Frucht entbehrte!
Tief beugt sich mancher allzu reich beschwerte,
Der Apfel fällt mit dumpfem Laut zur Erde.

Genug ist nicht genug! Es lacht im Laube!
Die saftge Pfirsche winkt dem durstgen Munde!
Die trunknen Wespen summen in die Runde:
»Genug ist nicht genug!« um eine Traube.

Genug ist nicht genug! Mit vollen Zügen
Schlürft Dichtergeist am Borne des Genusses,
Das Herz, auch es bedarf des Überflusses,
Genug kann nie und nimmermehr genügen!

Anton Wildgans
Herbstliche Einkehr

Die Ebereschen haben noch die roten
Fruchtbüschel ausgehängt. Erloschen, grau
Und eingefallen, so wie eines Toten
Gesicht, ist schon die Erde, stumm die Au,
Frierend der Wald; auf schwarzen Wolkenbooten
Kommt Sturm gefahren, und der Reif fällt rauh,
Nichts mehr gemahnt in diesen finstern Tagen
An Blütenwirrnis und an Früchtetragen.

Da gilt's sein Bündel wiederum zu schnüren
Und heimzukehren in gewohnte Stadt.
Da warten schon die lieben dunkeln Türen,
Die dich entließen, engen Raumes satt.
Die Lampe möchte glühen und verführen
Zu langem Wachen über Blatt um Blatt,
Zu lauschen in das unbedrohte Schweigen,
Aus dem hochquellend die Gedanken steigen.

Da kann es sein in atemleiser Stunde,
Dass aus der Bücher dichtgestellten Reihn
Wie aus dem Purpur heiliger Marterwunde
Mystischer Glanz aufbricht; denn Schrein an Schrein
Gibt dieser Bücher ernste Fülle Kunde
Von deiner Seele vielem Einsamsein,
Indessen draußen mit dem Bacchuskranze
Das Leben taumelte von Tanz zu Tanze.

Und wenn du einmal zugriffst, war nicht immer
Der Nachgeschmack bitter, das Besinnen Frost–?
So blühe auf, summender Lampe Schimmer,
Gebinde alter Weisheit, strömet Most!
Duftende Gärung wittre durch das Zimmer:
Geist der Jahrhunderte! – Wer solchen Trost
Genießen darf und ihn zu nützen lernte,
Hat immer Frühling und hat immer Ernte.

Friedrich Rückert

Herbsthauch

Herz, nun so alt und noch immer nicht klug,
Hoffst du von Tagen zu Tagen,
Was dir der blühende Frühling nicht trug,
Werde der Herbst dir noch tragen!

Lässt doch der spielende Wind nicht vom Strauch,
Immer zu schmeicheln, zu kosen.
Rosen entfaltet am Morgen sein Hauch,
Abends verstreut er die Rosen.

Lässt doch der spielende Wind nicht vom Strauch,
Bis er ihn völlig gelichtet.
Alles, o Herz, ist ein Wind und ein Hauch,
Was wir geliebt und gedichtet.

Else Lasker-Schüler
Herbst

Ich pflücke mir am Weg das letzte Tausendschön ...
Es kam ein Engel mir mein Totenkleid zu nähen –
Denn ich muss andere Welten weiter tragen.

Das ewige Leben dem, der viel von Liebe weiß zu sagen.
Ein Mensch der Liebe kann nur auferstehen!
Hass schachtelt ein! wie hoch die Fackel auch mag schlagen.

Ich will dir viel viel Liebe sagen –
Wenn auch schon kühle Winde wehen,
In Wirbeln sich um Bäume drehen,
Um Herzen, die in ihren Wiegen lagen.

Mir ist auf Erden weh geschehen ...
Der Mond gibt Antwort dir auf deine Fragen.
Er sah verhängt mich auch an Tagen,
Die zaghaft ich beging auf Zehen.

Theodor Fontane
Spätherbst

Schon mischt sich Rot in der Blätter Grün,
Reseden und Astern im Verblühn,
Die Trauben geschnitten, der Hafer gemäht,
Der Herbst ist da, das Jahr wird spät.

Und doch (ob Herbst auch) die Sonne glüht –
Weg drum mit der Schwermut aus deinem Gemüt!
Banne die Sorge, genieße, was frommt,
Eh Stille, Schnee und Winter kommt.

Friedrich Rückert
Armer Strauch

Armer Strauch,
Nackt ausgezogener,
Kahl betrogener!
Erst hat dir des Herbstes Hauch
Deine Blätter abgefächelt,
Und nun deine letzten auch
Hat ein Sonnenblick dir abgelächelt.

Ludwig Uhland

Im Herbste

Seid gegrüßt mit Frühlingswonne,
Blauer Himmel, goldne Sonne!
Drüben auch aus Gartenhallen
Hör ich frohe Saiten schallen.

Ahnest du, o Seele, wieder
Sanfte, süße Frühlingslieder?
Sieh umher die falben Bäume!
Ach! es waren holde Träume.

Theodor Storm

Mit einer Handlaterne

Laterne, Laterne!
Sonne, Mond und Sterne,
Die doch sonst am Himmel stehn,
Lassen heut sich nimmer sehn;
Zwischen Wasserreih und Schloss
Ist die Finsternis so groß,
Gegen Löwen rennt man an,
Die man nicht erkennen kann!

Kleine freundliche Latern',
Sei du Sonne nun und Stern:
Sei noch oft der Lichtgenoss
Zwischen Wasserreih und Schloss
Oder – dies ist einerlei –
Zwischen Schloss und Wasserreih!

Georg Trakl
Verklärter Herbst

Gewaltig endet so das Jahr
Mit goldnem Wein und Frucht der Gärten.
Rund schweigen Wälder wunderbar
Und sind des Einsamen Gefährten.

Da sagt der Landmann: Es ist gut.
Ihr Abendglocken lang und leise
Gebt noch zum Ende frohen Mut.
Ein Vogelzug grüßt auf der Reise.

Es ist der Liebe milde Zeit.
Im Kahn den blauen Fluss hinunter
Wie schön sich Bild an Bildchen reiht –
Das geht in Ruh und Schweigen unter.

Friedrich Rückert
Gerne lass ich die Sonne scheinen

Gerne lass ich Sonne scheinen,
Gerne lass ich Regen sprühn;
Mag die Wehmut sich verweinen,
Wenn die Lust nicht mehr will blühn!

Freud und Leid sei mir gesegnet;
Eines nur ist mir verhasst,
Grauer Himmel, der nicht regnet,
Missmut, dem die Welt erblasst.

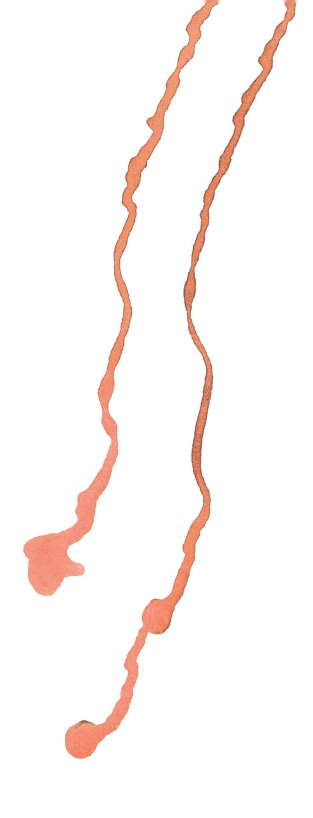

Volkslied
Ich hab die Nacht geträumet

Ich hab die Nacht geträumet
wohl einen schweren Traum,
es wuchs in meinem Garten
ein Rosmarienbaum.

Ein Kirchhof war der Garten,
das Blumenbeet ein Grab,
und von dem grünen Baume
fiel Kron und Blüten ab.

Die Blüten tät ich sammeln
in einem goldnen Krug.
Der fiel mir aus den Händen,
dass er in Stücke schlug.

Draus sah ich Perlen rinnen
und Tröpflein rosenrot.
Was mag der Traum bedeuten?
Herzallerliebster, bist du tot?

Adelbert von Chamisso

Gern und gerner

Der Gang war schwer, der Tag war rauh,
Kalt weht es und stürmisch aus Norden;
Es trieft mein Haar vom Abendtau,
Fast wär ich müde geworden.

Lass blinken den roten, den süßen Wein:
Es mag der alte Zecher
Sich gerne sonnen im roten Schein,
Sich gerne wärmen am Becher;

Und gerner sich sonnen in trüber Stund
Am Klarblick deiner Augen,
Und gerner vom roten, vom süßen Mund
Durchwärmende Flammen saugen.

Reichst mir den Mund, mir den Pokal,
Mir Jugendlust des Lebens;
Lass tosen und toben die Stürme zumal,
Sie mühen um mich sich vergebens.

Johann Heinrich Voß
Die Kartoffelernte

Kindlein, sammelt mit Gesang
Der Kartoffeln Überschwang!
Ob wir voll bis oben schütten
Alle Mulden, Körb und Bütten;
Noch ist immer kein Vergang!

Wo man nur den Bulten hebt,
Schaut, wie voll es lebt und webt!
O die schön gekerbten Knollen,
Weiß und rot und dick geschwollen,
Immer mehr, je mehr man gräbt!

Nicht umsonst in bunter Schau
Blüht es rötlich, weiß und blau.
Ward gejätet, ward gehäufet,
Kindlein, Gottes Segen reifet,
Rief ich oft, und trafs genau.

Einst vom Himmel schaute Gott
Auf der Armen bittre Not.
Nahe gings ihm und was tat er
Uns zum Trost, der gute Vater?
Regnet er uns Mannabrot?

Nein, ein Mann ward ausgesandt,
Der die neue Welt erfand.
Reiche nennens Land des Goldes,
Doch der Arme nennts sein holdes,
Nährendes Kartoffelland.

Was ist nur für Sorge noch?
Klar im irdnen Napf und hoch
Dampft Kartoffelschmaus für alle!
Unsre Milchkuh auch im Stalle
Nimmt ihr Teil und brummt am Trog.

Theodor Storm

Oktoberlied

Der Nebel steigt, es fällt das Laub;
Schenk ein den Wein, den holden!
Wir wollen uns den grauen Tag
Vergolden, ja vergolden!

Und geht es draußen noch so toll,
Unchristlich oder christlich,
Ist doch die Welt, die schöne Welt,
So gänzlich unverwüstlich!

Und wimmert auch einmal das Herz –
Stoß an und lass es klingen!
Wir wissen's doch, ein rechtes Herz
Ist gar nicht umzubringen.

Der Nebel steigt, es fällt das Laub;
Schenk ein den Wein, den holden!
Wir wollen uns den grauen Tag
Vergolden, ja vergolden!

Wohl ist es Herbst; doch warte nur,
Doch warte nur ein Weilchen!
Der Frühling kommt, der Himmel lacht,
Es steht die Welt in Veilchen.

Die blauen Tage brechen an,
Und ehe sie verfließen,
Wir wollen sie, mein wackrer Freund,
Genießen, ja genießen!

Friedrich von Logau
Weinmonat

Nicht bei allen wächst der Wein,
Wasser hat ein jedermann;
Gibt Gott Wein, gibt Wasser Gott,
Nimmt man beides dankbar an.

Charlotte von Ahlefeld
An die Wolken

Es jagen die Stürme
Am herbstlichen Himmel
Die fliehenden Wolken;
Es wehen die Blätter
Des Haines hernieder,
Es hüllt sich in Nebel
Das ferne Gebirg. –

O jaget, Ihr Wolken,
In stürmender Eile.
Ihr ziehet nach Süden,
Wo freundlich die Sonne
Den wehenden Schleier
Euch liebevoll schmücket
Mit goldenem Saum.

Mich trieben die Stürme
Des Schicksals nach Norden
Dort mangelt mir ewig
Die Sonne der Freude,
Und nimmer verkläret
Ihr Lächeln die Wolken
Des düsteren Sinnes.

Und darum geleit' ich
Mit Seufzern der Sehnsucht
Euch, luftige Bilder
Der wechselnden Laune
Des ewigen Himmels,
Und flüchtete gerne
Nach Süden mit Euch.

Joseph von Eichendorff
Der Vögel Abschied

Ade, ihr Felsenhallen,
Du schönes Waldrevier,
Die falben Blätter fallen,
Wir ziehen weit von hier.

Träumt fort im stillen Grunde!
Die Berg stehn auf der Wacht,
Die Sterne machen Runde
Die lange Winternacht.

Und ob sie all verglommen,
Die Täler und die Höhn –
Lenz muss doch wiederkommen
Und alles auferstehn!

Christian Morgenstern

Novembertag

Nebel hängt wie Rauch ums Haus,
drängt die Welt nach innen;
ohne Not geht niemand aus;
alles fällt in Sinnen.

Leiser wird die Hand, der Mund,
stiller die Gebärde.
Heimlich, wie auf Meeresgrund
träumen Mensch und Erde.

Hermann Gilm von Rosenegg
Allerseelen

Stell auf den Tisch die duftenden Reseden,
Die letzten roten Astern trag herbei
Und lass uns wieder von der Liebe reden
Wie einst im Mai.

Gib mir die Hand, dass ich sie heimlich drücke,
Und wenn mans sieht, mir ist es einerlei,
Gib mir nur einen deiner süßen Blicke,
Wie einst im Mai.

Es blüht und funkelt heut auf jedem Grabe,
Ein Tag im Jahre ist den Toten frei;
Komm an mein Herz, dass ich dich wieder habe,
Wie einst im Mai.

Christian Morgenstern
Wenn es Winter wird

Der See hat eine Haut bekommen,
so dass man fast drauf gehen kann,
und kommt ein großer Fisch geschwommen,
so stößt er mit der Nase an.

Und nimmst du einen Kieselstein
und wirfst ihn drauf, so macht es klirr
und titscher – titscher – titscher – dirr
Heißa, du lustiger Kieselstein!

Er zwitschert wie ein Vögelein
und tut als wie ein Schwälblein fliegen –
doch endlich bleibt mein Kieselstein
ganz weit, ganz weit auf dem See draußen liegen.

Da kommen die Fische haufenweis
und schaun durch das klare Fenster von Eis
und denken, der Stein wär etwas zum Essen;
doch so sehr sie die Nase ans Eis auch pressen,
das Eis ist zu dick, das Eis ist zu alt,
sie machen sich nur die Nasen kalt.

Aber bald, aber bald
werden wir selbst auf eignen Sohlen
hinausgehn können und den Stein wieder holen.

Ulrich Maske
Novembergedanken

Hunde klettern nicht auf Bäume
Hunde sind nur manchmal toll
Flaschen träumen keine Träume
Flaschen sind nur manchmal voll

Katzen können meistens singen
Manche Sänger können's auch
Manchem fehlt es in der Kehle
Manchem auch in Kopf und Bauch

Vögel können meistens fliegen
Pinguine können's nicht
Auf manchen Inseln trifft man Ziegen
Auf manchen nur das Sonnenlicht

Killer töten nicht aus Liebe
Killer wollen Geld und Macht
Ja, so ist das Weltgetriebe
Ob am Tag, ob in der Nacht

Ist es nun das Jahr der Ziege
Wie man es in China nennt?
Oder heißt es Jahr der Kriege
Wie man schon zu viele kennt?

Wenn die Glocken süßer klingen
Weint so manches fremde Kind
Lasst uns Friedensverse singen
Bis die Saiten heiser sind

Martin Greif
Allerseelen

Die Flur umher
Es kalt durchweht,
Wo nirgend mehr
Ein Blümlein steht.

Im Wald zerstiebt
Das welke Laub.
Die ich geliebt,
Sind alle Staub.

Sich frühe neigt
Der Sonne Lauf.
Am Himmel steigt
Der Mond herauf.

Es füllt sich sacht
Das Sternenzelt.
Sie sind erwacht
In jener Welt.

Heinrich Seidel

November

Solchen Monat muss man loben:
Keiner kann wie dieser toben,
keiner so verdrießlich sein
und so ohne Sonnenschein!
Keiner so in Wolken maulen,
keiner so mit Sturmwind graulen!
Und wie nass er alles macht!
Ja, es ist 'ne wahre Pracht.

Seht das schöne Schlackerwetter!
Und die armen welken Blätter,
wie sie tanzen in dem Wind
und so ganz verloren sind!
Wie der Sturm sie jagt und zwirbelt
und sie durcheinander wirbelt
und sie hetzt ohn' Unterlass:
Ja, das ist Novemberspaß!

Und die Scheiben, wie sie rinnen!
Und die Wolken, wie sie spinnen
ihren feuchten Himmelstau
ur und ewig, trüb und grau!
Auf dem Dach die Regentropfen:
Wie sie pochen, wie sie klopfen!
Schimmernd hängt's an jedem Zweig,
einer dicken Träne gleich.

Oh, wie ist der Mann zu loben,
der solch unvernüft'ges Toben
schon im Voraus hat bedacht
und die Häuser hohl gemacht;
sodass wir im Trocknen hausen
und mit stillvergnügtem Grausen
und in wohlgeborgner Ruh
solchem Greuel schauen zu.

Wolfgang Borchert

Winter

Jetzt hat der rote Briefkasten
eine weiße Mütze auf,
schief und verwegen.
Mancher hat bei Glatteis
plötzlich gelegen,
der sonst so standhaft war.
Aber der Schnee hat leis
und wunderbar
geblinkt auf den Tannenbäumen.
Was wohl jetzt die Schmetterlinge träumen?

Mascha Kaléko

Betrifft: Erster Schnee

Eines Morgens leuchtet es ins Zimmer,
Und du merkst: 's ist wieder mal soweit.
Schnee und Barometer sind gefallen.
Und nun kommt die liebe Halswehzeit.

Kalte Blumen blühn auf Fensterscheiben.
Fröstelnd seufzt der Morgenblattpoet:
»Winter läßt sich besser nicht beschreiben,
Als es schon im Lesebuche steht.«

Blüten kann man noch mit Schnee vergleichen,
Doch den Schnee … Man wird leicht zu banal.
Denn im Sommer ist man manchmal glücklich,
Doch im Winter nur sentimental.

Und man muß an Grimmsche Märchen denken
Und an einen winterweißen Wald
Und an eine Bergtour um Silvester.
Und dabei an sein Tarifgehalt.

Und man möchte wieder vierzehn Jahr sein;
Weihnachtsferien ... Mit dem Schlitten raus!
Und man müßte keinen Schnupfen haben,
Sondern irgendwo ein kleines Haus,

Und davor ein paar verschneite Tannen,
Ziemlich viele Stunden vor der Stadt.
Wo es kein Büro, kein Telefon gibt.
Wo man beinah keine Pflichten hat.

Ein paar Tage lang soll nichts passieren!
Ein paar Stunden, da man nichts erfährt.
Denn was hat wohl einer zu verlieren,
Dem ja doch so gut wie nichts gehört.

Matthias Claudius

Ein Lied hinterm Ofen zu singen

Der Winter ist ein rechter Mann,
    Kernfest und auf die Dauer;
Sein Fleisch fühlt sich wie Eisen an,
    Und scheut nicht Süß noch Sauer.

War je ein Mann gesund, ist er's;
    Er krankt und kränkelt nimmer,
Weiß nichts von *Nachtschweiß* noch *Vapeurs*
    Und schläft im kalten Zimmer.

Er zieht sein *Hemd* im Freien an,
    Und lässt's vorher nicht wärmen
Und spottet über Fluss im Zahn
    Und Kolik in Gedärmen.

Aus Blumen und aus Vogelsang
    Weiß er sich nichts zu machen,
Hasst *warmen* Drang und *warmen* Klang
    Und alle *warmen* Sachen.

Doch wenn die Füchse bellen sehr,
    Wenn's Holz im Ofen knittert,
Und um den Ofen Knecht und Herr
    Die Hände reibt und zittert;

Wenn Stein und Bein vor Frost zerbricht
    Und Teich' und Seen krachen;
Das klingt ihm gut, das hasst er nicht,
    Denn will er sich tot lachen. –

Sein Schloss von Eis liegt ganz hinaus
    Beim Nordpol an dem Strande;
Doch hat er auch ein Sommerhaus
    Im lieben Schweizerlande.

So ist er denn bald dort bald hier,
    Gut Regiment zu führen.
Und wenn er durchzieht, stehen wir
    Und sehn ihn an und frieren.

171

Franz Grillparzer
Wintergedanken

Willst du, Seele, nicht mehr blühen,
Da vorbei des Sommers Flucht?
Oder, wenn der Herbst erschienen,
Warum trägst du keine Frucht?

War vielleicht zu weich dein Frühling,
War zu bunt der Farben Licht?
Denn die Blüten geben Früchte,
Aber, weh, die Blumen nicht.

Annette von Droste-Hülshoff
Ein milder Wintertag

An jenes Waldes Enden,
Wo still der Weiher liegt
Und längs den Fichtenwänden
Sich lind Gemurmel wiegt;

Wo in der Sonnenhelle,
So matt und kalt sie ist,
Doch immerfort die Welle
Das Ufer flimmernd küsst:

Da weiß ich, schön zum Malen,
Noch eine schmale Schlucht,
Wo all die kleinen Strahlen
Sich fangen in der Bucht;

Ein trocken, windstill Eckchen
Und so an Grüne reich,
Dass auf dem ganzen Fleckchen
Mich kränkt kein dürrer Zweig.

Will ich den Mantel dichte
Nun legen übers Moos,
Mich lehnen an die Fichte
Und dann auf meinen Schoß

Gezweig' und Kräuter breiten,
So gut ich's finden mag:
Wer will mir's übel deuten,
Spiel ich den Sommertag?

Will nicht die Grille hallen,
So säuselt doch das Ried;
Sind stumm die Nachtigallen,
So sing' ich selbst ein Lied.

Und hat Natur zum Feste
Nur wenig dargebracht:
Die Lust ist stets die beste,
Die man sich selber macht.

Theodor Fontane
Alles still!

Alles still! es tanzt den Reigen
Mondenstrahl in Wald und Flur,
Und darüber thront das Schweigen
Und der Winterhimmel nur.

Alles still! vergeblich lauschet
Man der Krähe heisrem Schrei,
Keiner Fichte Wipfel rauschet,
Und kein Bächlein summt vorbei.

Alles still! die Dorfeshütten
Sind wie Gräber anzusehn,
Die, von Schnee bedeckt, inmitten
Eines weiten Friedhofs stehn.

Alles still! nichts hör' ich klopfen
Als mein Herze durch die Nacht –
Heiße Tränen niedertropfen
Auf die kalte Winterpracht.

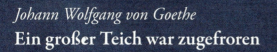

Johann Wolfgang von Goethe

Ein großer Teich war zugefroren

Ein großer Teich war zugefroren,
die Fröschlein, in der Tiefe verloren,
durften nicht ferner quaken noch springen,
versprachen sich aber, im halben Traum:
fänden sie nur da oben Raum,
wie Nachtigallen wollten sie singen. –
Der Tauwind kam, das Eis zerschmolz,
nun ruderten sie und landeten stolz
und saßen am Ufer weit und breit
und quakten wie vor alter Zeit.

Volkslied
Und in dem Schneegebirge

Und in dem Schneegebirge,
da fließt ein Brünnlein kalt,
und wer das Brünnlein trinket,
und wer das Brünnlein trinket
wird jung und nimmer alt.
Wird jung und nimmer alt.

Ich hab' daraus getrunken
gar manchen frischen Trunk,
ich bin nicht alt geworden,
ich bin noch allzeit jung.

»Ade, mein Schatz, ich scheide,
ade, mein Schätzelein!«
»Wann kommst du aber wieder,
Herzallerliebster mein?«

»Wenn'n schneiet rote Rosen
und regnen kühlen Wein.
Ade, mein Schatz, ich scheide,
ade, mein Schätzelein!«

»Es schneit ja keine Rosen
und regnet keinen Wein:
So kommst du auch nicht wieder,
Herzallerliebster mein!«

Ulla Hahn
Fest auf der Alster

All das Eis wir schwelgen
im Winter unter der Sonne
Laufen auf Kufen im Kreis
und gradaus mit und gegen
und durch Licht und Wind.
Alte Ehepaare ziehn sich
noch enger zusammen
Vater und Mutter kreisen
in hohem Bogen ums Kind.
Wippende Mädchen im heiratsfähigen Alter
lächeln aus der Hüfte heraus gutaus
staffierte Lilien in kühnen Kurven
kreuzen ihre Herzensmänner das Feld.
Sogar silbrige Herren und Damen geraten
ins Schleudern der Hut fliegt vom Kopf
der Hund rutscht hinterdrein
wittert Glühwein auf Eis.
Übermütig lächeln wir alle verschworene
Kinder die vom selben Süßen genascht
Werfen Lächeln wie Bälle uns zu
durch die lächelnde Luft. Lächeln
als gabe es nichts zu bestehn
als den nächsten Schritt als geschähe
nur was wir im voraus schon sehn
bis an den Horizont von
Brücken Kirchen und Banken.
Lächelnd vergibt ein jeder von uns
seinem Nächsten und sich
diesen Nachmittag lang
all das Eis
unter der Sonne.

Heinrich Heine
Ein Fichtenbaum

Ein Fichtenbaum steht einsam
Im Norden auf kahler Höh'.
Ihn schläfert; mit weißer Decke
Umhüllen ihn Eis und Schnee.

Er träumt von einer Palme,
Die fern im Morgenland
Einsam und schweigend trauert
Auf brennender Felsenwand.

Christian Morgenstern

Winternacht

Es war einmal eine Glocke,
die machte baum, baum ...
Und es war einmal eine Flocke,
die fiel dazu wie im Traum ...

Die fiel dazu wie im Traum ...
Die sank so leis hernieder,
wie ein Stück Engleingefieder
aus dem silbernen Sternenraum.

Es war einmal eine Glocke,
die machte baum, baum ...
Und dazu fiel eine Flocke,
so leise wie im Traum ...

So leis als wie ein Traum ...
Und als vieltausend gefallen leis,
da war die ganze Erde weiß,
als wie von Engleinflaum.

Da war die ganze Erde weiß,
als wie von Engleinflaum.

Volkslied

Das wild Vögelein

Es saß ein klein wild Vögelein
auf einem grünen Ästchen;
es sang die ganze Winternacht,
die Stimm tat laut erklingen.

»O sing mir noch, o sing mir noch,
du kleines wildes Vöglein!
Ich will um deine Federchen
dir Gold und Seide winden.«

»Behalt dein Gold, behalt dein Seid,
ich will dir nimmer singen;
ich bin ein klein wild Vögelein,
und niemand kann mich zwingen.«

»Geh du heraus aus diesem Tal,
der Reif wird dich auch drücken.«
»Drückt mich der Reif, der Reif so kalt,
Frau Sonn wird mich erquicken.«

Heinrich Heine

Winter

Die Kälte kann wahrlich brennen
Wie Feuer. Die Menschenkinder
Im Schneegestöber rennen
Und laufen immer geschwinder.

O, bittre Winterhärte!
Die Nasen sind erfroren,
Und die Klavierkonzerte
Zerreißen uns die Ohren.

Weit besser ist es im Summer,
Da kann ich im Walde spazieren
Allein mit meinem Kummer
Und Liebeslieder skandieren.

Heinrich Hoffmann

Dezember

Er ist der letzte von zwölf Brüdern,
Des Jahres Pforte schließt er zu.
Was du gewonnen hast an Gütern
Und was verloren, zähle du!
Doch wäge strenger und besonnen,
Und schließ genaue Rechnung ab,
Was du an Weisheit hast gewonnen,
Und was an Torheit sich ergab.

Gottfried Keller
Erster Schnee

Wie nun alles stirbt und endet
Und das letzte Rosenblatt
Müd sich an die Erde wendet,
In die warme Ruhestatt:
So auch unser Tun und Lassen,
Was uns heiß und wild erregt,
Unser Lieben, unser Hassen
Sei ins welke Laub gelegt!

Reiner, weißer Schnee, o schneie,
Schneie beide Gräber zu,
Dass die Seele uns gedeihe
Still und kühl in Winterruh!
Bald kommt jene Frühlingswende,
Die allein die Liebe weckt,
Wo der Hass umsonst die Hände
Träumend aus dem Grabe streckt!

Rainer Maria Rilke

An der Ecke

Der Winter kommt und mit ihm meine Alte,
die an der Ecke stets Kastanien briet.
Ihr Antlitz schaut aus einer Tücherspalte
froh und gesund, ob Falte auch bei Falte
seit vielen Jahren es durchzieht.

Und tüchtig ist sie, ja, das will ich meinen;
die Tüten müssen rein sein, und das Licht
an ihrem Stand muss immer helle scheinen,
und von dem Ofen mit den krummen Beinen
verlangt sie streng die heiße Pflicht.

So trefflich schmort auch keine die Maroni.
Dabei bemerkt sie, wer des Weges zieht,
und alle kennt sie – bis zum Tramwaypony;
sie treibts ja Jahre schon, die alte Toni ...
Und leise summt ihr Herd sein Lied.

Wolfgang Borchert
Winterabend

Der Nebel legt sich kühl und grau
auf die Dinge, und nur Laternen
und die weißen Hauben von Schwestern
schimmern. Und einzelne Worte fallen
wie Regentropfen: ... Gestern ...
und: ... meine Frau ...
und seltsam hallen
sie nach wie Gedichte
und man denkt eine ganze Geschichte
aus ihnen zusammen.

Ein einsamer Schritt verweht noch im Norden,
die Straßen sind still,
und der Lärm ist müde geworden,
weil die Stadt nun schlafen will.

Isolde Kurz

Schnee im Süden

Es rieseln die Flocken,
Vom Nordwind gesandt,
Da schauert erschrocken
Das südliche Land.

Ihr Kinder der Scholle,
Euch dünkt es ein Traum,
Wenn droben Frau Holle
Schüttelt den Flaum.

Mein Stammverwandter
Besuchst mich auch hier,
Und schwingst als Gesandter
Dein weißes Panier.

Hier droht dir Verderben
Die Feindin in Wehr;
Schon sah ich sie werben
Ihr strahlendes Heer.

Weit hinter den Alpen
Da steht unser Haus,
Ich flog mit den Schwalben
Nach Süden hinaus.

Und seh dich erscheinen
Am fremden Ort,
Als Bote der Meinen,
Als Gruß vom Nord.

187

Ulrich Maske

Ausblick

Tief im Dezember
Vor meinem Hamburger Fenster
Will eine Rose blühen
Etwas spät
Oder
Viel zu früh
Oder
Völlig verrückt?
Jedenfalls:
Ich liebe Rosen

Heinrich Heine
Altes Kaminstück

Draußen ziehen weiße Flocken
Durch die Nacht, der Sturm ist laut;
Hier im Stübchen ist es trocken,
Warm und einsam, stillvertraut.

Sinnend sitz ich auf dem Sessel,
An dem knisternden Kamin,
Kochend summt der Wasserkessel
Längst verklungne Melodien.

Und ein Kätzchen sitzt daneben,
Wärmt die Pfötchen an der Glut;
Und die Flammen schweben, weben,
Wundersam wird mir zu Mut.

Dämmernd kommt heraufgestiegen
Manche längst vergessne Zeit,
Wie mit bunten Maskenzügen
Und verblichner Herrlichkeit.

Schöne Fraun, mit kluger Miene,
Winken süßgeheimnisvoll,
Und dazwischen Harlekine
Springen, lachen, lustigtoll.

Ferne grüßen Marmorgötter,
Traumhaft neben ihnen stehn
Märchenblumen, deren Blätter
In dem Mondenlichte wehn.

Wackelnd kommt herbeigeschwommen
Manches alte Zauberschloss;
Hintendrein geritten kommen
Blanke Ritter, Knappentross.

Und das alles zieht vorüber,
Schattenhastig übereilt –
Ach! da kocht der Kessel über,
Und das nasse Kätzchen heult.

Christian Morgenstern

Die Enten laufen Schlittschuh

Die Enten laufen Schlittschuh
auf ihrem kleinen Teich.
Wo haben sie denn die Schlittschuh her –
sie sind doch gar nicht reich?

Wo haben sie denn die Schlittschuh her?
Woher? Vom Schlittschuhschmied!
Der hat sie ihnen geschenkt, weißt du,
für ein Entenschnatterlied.

Christian Morgenstern

Die drei Spatzen

In einem leeren Haselstrauch,
da sitzen drei Spatzen, Bauch an Bauch.

Der Erich rechts und links der Franz
und mitten drin der freche Hans.

Sie haben die Augen zu, ganz zu,
und obendrüber, da schneit es, hu!

Sie rücken zusammen dicht an dicht,
so warm wie Hans hats niemand nicht.

Sie hören alle drei ihrer Herzlein Gepoch
Und wenn sie nicht weg sind, so sitzen sie noch.

Eduard Mörike

Jägerlied

Zierlich ist des Vogels Tritt im Schnee,
Wenn er wandelt auf des Berges Höh:
Zierlicher schreibt Liebchens liebe Hand,
Schreibt ein Brieflein mir in ferne Land'.

In die Lüfte hoch ein Reiher steigt,
Dahin weder Pfeil noch Kugel fleugt:
Tausendmal so hoch und so geschwind
Die Gedanken treuer Liebe sind.

Wilhelm Müller
Der stürmische Morgen

Wie hat der Sturm zerrissen
Des Himmels graues Kleid!
Die Wolkenfetzen flattern
Umher in mattem Streit,

Und rote Feuerflammen
Ziehn zwischen ihnen hin:
Das nenn ich einen Morgen
So recht nach meinem Sinn!

Mein Herz sieht an dem Himmel
Gemalt sein eignes Bild –
Es ist nichts als der Winter,
Der Winter kalt und wild!

Erich Kästner

Der Dezember

Das Jahr ward alt. Hat dünne Haar.
Ist gar nicht sehr gesund.
Kennt seinen letzten Tag, das Jahr.
Kennt gar die letzte Stund.

Ist viel geschehn. Ward viel versäumt.
Ruht beides unterm Schnee.
Weiß liegt die Welt, wie hingeträumt.
Und Wehmut tut halt weh.

Noch wächst der Mond. Noch schmilzt er hin.
Nichts bleibt. Und nichts vergeht.
Ist alles Wahn. Hat alles Sinn.
Nützt nichts, dass man's versteht.

Und wieder stapft der Nikolaus
durch jeden Kindertraum.
Und wieder blüht in jedem Haus
der goldengrüne Baum.

Warst auch ein Kind. Hast selbst gefühlt,
wie hold Christbäume blühn.
Hast nun den Weihnachtsmann gespielt
und glaubst nicht mehr an ihn.

Bald trifft das Jahr der zwölfte Schlag.
Dann dröhnt das Erz und spricht:
»Das Jahr kennt seinen letzten Tag,
und du kennst deinen nicht.«

Volkslied
Ach, bittrer Winter

Ach, bittrer Winter, wie bist du kalt,
du hast entlaubet den grünen Wald,
du hast verblüht die Blümlein auf der Heiden.

Die bunten Blümlein sind 'worden fahl,
entflogen ist uns Frau Nachtigall.
Sie ist entflogen und wird uns nicht mehr singen.

Marion Poschmann
Hirschübung

über die Landstraße treibende Streifen,
durch Wälder geflößtes, sehr streng
bemessenes Weiß,
und wir folgten den Sprüngen, den Streckungen
dieser durchbrochenen Linie, Wildwechsel,
Glätte, Gefälle, an Rastplätzen lagen
bedingungslos schlafende Bänke, von Nässe
gequollenes Holz, und die braunen gebogenen
Rücken der Berge verwundete Fellflächen,
Kahlschlag, verendete Pfade, und wir
mit Karacho, wie Simulationen von Wind
zwischen brusthohen Zweigen,
Geweihen in Wattejacken verpackt,
mattes Hirngespinst (Fallträume),
Fünfender, Fingerzeig:
    aber
    wir rochen nach Seife
    nach Veilchen und Teichwasser, vor uns
    die furchtbare Vollständigkeit des Kommenden
bald harthufig der Frost

Rainer Maria Rilke
Winterliche Stanzen

Nun sollen wir versagte Tage lange
ertragen in des Widerstandes Rinde;
uns immer wehrend, nimmer an der Wange
das Tiefe fühlend aufgetaner Winde.
Die Nacht ist stark, doch von so fernem Gange,
die schwache Lampe überredet linde.
Lass dichs getrösten: Frost und Harsch bereiten
die Spannung künftiger Empfänglichkeiten.

Hast du denn ganz die Rosen ausempfunden
vergangnen Sommers? Fühle, überlege:
das Ausgeruhte reiner Morgenstunden,
den leichten Gang in spinnverwebte Wege?
Stürz in dich nieder, rüttele, errege
die liebe Lust: sie ist in dich verschwunden.
Und wenn du eins gewahrst, das dir entgangen,
sei froh, es ganz von vorne anzufangen.

Vielleicht ein Glanz von Tauben, welche kreisten,
ein Vogelanklang, halb wie ein Verdacht,
ein Blumenblick (man übersieht die meisten),
ein duftendes Vermuten vor der Nacht.
Natur ist göttlich voll; wer kann sie leisten,
wenn ihn ein Gott nicht so natürlich macht.
Denn wer sie innen, wie sie drängt, empfände,
verhielte sich, erfüllt in seine Hände.

Verhielte sich wie Übermaß und Menge
und hoffte nicht, noch Neues zu empfangen,
verhielte sich wie Übermaß und Menge
und meinte nicht, es sei ihm was entgangen,
verhielte sich wie Übermaß und Menge
mit maßlos übertroffenem Verlangen
und staunte nur noch, dass er dies ertrüge:
die schwankende, gewaltige Genüge.

Adalbert Stifter
Im Winter

Kinder lieben sehr den Schnee,
Spielen gern darin:
Erstgebornes Kindchen, geh
Auch zum Schnee dahin.

Spiele mit dem weißen Flaum,
Sieh, er ist so rein:
Wird nach wenig Tagen kaum
Schnee und Kind mehr sein.

Georg Trakl
Ein Winterabend

Wenn der Schnee ans Fenster fällt,
Lang die Abendglocke läutet,
Vielen ist der Tisch bereitet
Und das Haus ist wohlbestellt.

Mancher auf der Wanderschaft
Kommt ans Tor auf dunklen Pfaden.
Golden blüht der Baum der Gnaden
Aus der Erde kühlem Saft.

Wanderer tritt still herein;
Schmerz versteinerte die Schwelle.
Da erglänzt in reiner Helle
Auf dem Tische Brot und Wein.

Joseph von Eichendorff
Winternacht

Verschneit liegt rings die ganze Welt,
Ich hab nichts, was mich freuet,
Verlassen steht der Baum im Feld,
Hat längst sein Laub verstreuet.

Der Wind nur geht bei stiller Nacht
Und rüttelt an dem Baume,
Da rührt er seinen Wipfel sacht
Und redet wie im Traume.

Er träumt von künftger Frühlingszeit,
Von Grün und Quellenrauschen,
Wo er im neuen Blütenkleid
Zu Gottes Lob wird rauschen.

Volkslied

Es kommt ein Schiff geladen

Es kommt ein Schiff, geladen
bis an sein höchsten Bord,
trägt Gottes Sohn voll Gnaden,
des Vaters ewigs Wort.

Das Schiff geht still im Triebe,
es trägt ein teure Last,
das Segel ist die Liebe,
der Heilig Geist der Mast.

Der Anker haft auf Erden,
da ist das Schiff am Land.
Das Wort will Fleisch uns werden,
der Sohn ist uns gesandt.

Zu Bethlehem geboren
im Stall ein Kindelein,
gibt sich für uns verloren;
gelobet muss es sein.

Es ist ein Ros entsprungen

Es ist ein Ros entsprungen
Aus einer Wurzel zart.
Wie uns die Alten sungen,
Von Jesse kam die Art
Und hat ein Blümlein bracht
Mitten im kalten Winter
Wohl zu der halben Nacht.

Das Röslein, das ich meine,
Davon Jesaias sagt,
Hat uns gebracht alleine
Marie, die reine Magd:
Aus Gottes ewgem Rat
Hat sie ein Kind geboren
Wohl zu der halben Nacht.

Theodor Storm
Knecht Ruprecht

Von drauß, vom Walde komm ich her;
Ich muss euch sagen, es weihnachtet sehr!
Allüberall auf den Tannenspitzen
Sah ich goldene Lichtlein sitzen;
Und droben aus dem Himmelstor
Sah mit großen Augen das Christkind hervor;
Und wie ich so strolcht' durch den finstern Tann,
Da riefs mich mit heller Stimme an:
»Knecht Ruprecht,« rief es, »alter Gesell,
Hebe die Beine und spute dich schnell!
Die Kerzen fangen zu brennen an,
Das Himmelstor ist aufgetan,
Alt' und Junge sollen nun
Von der Jagd des Lebens einmal ruhn;
Und morgen flieg ich hinab zur Erden;
Denn es soll wieder Weihnachten werden!«
»O lieber Herre Christ,
Meine Reise fast zu Ende ist;
Ich soll nur noch in diese Stadt,
Wo's eitel gute Kinder hat.«
»Hast denn das Säcklein auch bei dir?«
Ich sprach: »Das Säcklein, das ist hier;
Denn Äpfel, Nuss und Mandelkern,
Fressen fromme Kinder gern.«

»Hast denn die Rute auch bei dir?«
Ich sprach: »Die Rute, die ist hier;
Doch für die Kinder nur, die schlechten,
Die trifft sie auf den Teil, den rechten.«
Christkindlein sprach: »So ist es recht;
So geh mit Gott, mein treuer Knecht!«
Von drauß vom Walde komm ich her;
Ich muss euch sagen, es weihnachtet sehr!
Nun sprecht, wie ichs hierinnen find!
Sind's gute Kind, sind's böse Kind?

Ulrich Maske
Bleibt noch wach

Bleibt noch wach und schlaft nicht vor der Nacht
Bis der Stern erstrahlt in heller Pracht
Bis ein sanfter leiser Wind
Singt Maria und dem Kind
Singt Maria und dem Kind
Kyrieeleison, kyrieeleison

Auch die Hirten stimmen nun mit ein
Singen mit dem Wind im Sternenschein
Und so klingt es hell und klar
Diese Nacht ist wunderbar
Diese Nacht ist wunderbar
Kyrieeleison, kyrieeleison

Nach einer katalanischen Volksweise

Volkslied

Maria durch ein' Dornwald ging

Maria durch ein' Dornwald ging.
Kyrie eleison!
Maria durch ein' Dornwald ging,
Der hatte in sieben Jahrn kein Laub getragen.
Jesus und Maria!

Was trug Maria unterm Herzen?
Kyrie eleison!
Ein kleines Kindlein ohne Schmerzen,
Das trug Maria unterm Herzen.
Jesus und Maria!

Da hab'n die Dornen Rosen getragen;
Kyrie eleison!
Als das Kindlein durch den Wald getragen,
Da haben die Dornen Rosen getragen.
Jesus und Maria!

Joseph von Eichendorff
Weihnachten

Markt und Straßen stehn verlassen,
Still erleuchtet jedes Haus,
Sinnend geh ich durch die Gassen,
Alles sieht so festlich aus.

An den Fenstern haben Frauen
Buntes Spielzeug fromm geschmückt,
Tausend Kindlein stehn und schauen,
Sind so wunderstill beglückt.

Und ich wandre aus den Mauern
Bis hinaus ins freie Feld,
Hehres Glänzen, heilges Schauern!
Wie so weit und still die Welt!

Sterne hoch die Kreise schlingen,
Aus des Schnees Einsamkeit
Steigts wie wunderbares Singen –
O du gnadenreiche Zeit!

Christian Morgenstern
Das Weihnachtsbäumlein

Es war einmal ein Tännelein
mit braunen Kuchenherzlein
und Glitzergold und Äpflein fein
und vielen bunten Kerzlein:

Das war am Weihnachtsfest so grün,
als fing es eben an zu blühn.

Doch nach nicht gar zu langer Zeit,
da stands im Garten unten,
und seine ganze Herrlichkeit
war, ach, dahingeschwunden.
Die grünen Nadeln war'n verdorrt,
die Herzlein und die Kerzlein fort.

Bis eines Tags der Gärtner kam,
den fror zu Haus im Dunkeln,
und es in seinen Ofen nahm –
hei! tats da sprühn und funkeln!
Und flammte jubelnd himmelwärts
in hundert Flämmlein an Gottes Herz.

Erich Kästner

Der dreizehnte Monat

Wie säh er aus, wenn er sich wünschen ließe?
Schaltmonat wär? Vielleicht Elfember hieße?
Wem zwölf genügen, dem ist nicht zu helfen.
Wie säh er aus, der dreizehnte von zwölfen?

Der Frühling müsste blühn in holden Dolden.
Jasmin und Rosen hätten Sommerfest.
Und Äpfel hingen, mürb und rot und golden
im Herbstgeäst.

Die Tannen träten unter weißbeschneiten
Kroatenmützen aus dem Birkenhain
und kauften auf dem Markt der Jahreszeiten
Maiglöckchen ein.

Adam und Eva lägen in der Wiese
und liebten sich in ihrem Veilchenbett,
als ob sie niemand aus dem Paradiese
vertrieben hätt.

Das Korn wär gelb. Und blau wären die Trauben.
Wir träumten, und die Erde wär der Traum.
Dreizehnter Monat, lass uns an dich glauben!
Die Zeit hat Raum.

Verzeih, dass wir so kühn sind, dich zu schildern.
Der Schleier weht. Dein Antlitz bleibt verhüllt.
Man macht, wir wissen's, aus zwölf alten Bildern
kein neues Bild.

Drum schaff dich selbst! Aus unerhörten Tönen.
Aus Farben, die kein Regenbogen zeigt.
Plündre den Schatz des ungeschehen Schönen!
Du schweigst? Er schweigt.

Es tickt die Zeit. Das Jahr dreht sich im Kreise.
Und werden kann nur, was schon immer war.
Geduld, mein Herz. Im Kreise geht die Reise.
Und dem Dezember folgt der Januar.

Autor*innen

Charlotte von Ahlefeld

wurde 1777 in Stedten bei Weimar geboren. Ihre Gedichte sollen sogar Goethe beeindruckt haben. Ihr erster Roman *Liebe und Trennung oder merkwürdige Geschichte der unglücklichen Liebe zweyer fürstlicher Personen* erschien 1798. 1799 veröffentlichte sie ihren zweiten Roman *Maria Müller,* der ein Publikumserfolg wurde. Mehr als dreißig Romane und Erzählbande sowie ein Gedichtband folgten, meist unter Pseudonymen. 1807 trennte sie sich von ihrem untreuen Ehemann und wohnte in Schleswig als freie Schriftstellerin, zog 1821 aber zurück nach Weimar, um Johann Wolfgang von Goethe und Charlotte von Stein nahe zu sein. Sie war zudem befreundet mit Sophie Mereau und Clemens Brentano. Ihr literarisches Schaffen endete 1832 mit dem Roman *Der Stab der Pflicht.* Sie zog sich 1846 aus gesundheitlichen Gründen nach Bad Teplitz zurück, wo sie 1849 verstarb.

Louise Franziska Aston

wurde 1814 in Gröningen geboren. Mit 17 Jahren wurde sie gezwungen, den englischen Fabrikanten Samuel Aston zu heiraten. 1844 wurde die Ehe wieder geschieden. Daraufhin zog sie nach Berlin und widmete sich ihrer literarischen Karriere. Außerdem trieb sie die Emanzipation der Frauen an, indem sie Geschlechtergleichheit und die freie Persönlichkeitsentfaltung einforderte. Bald schon wurde Louise Aston zu einer revolutionären Figur. 1846 wurde sie als »staatsgefährliche Person«

aus Berlin verwiesen. Im selben Jahr schrieb sie *Meine Emancipation, Verweisung und Rechtfertigung.* Zudem engagierte sie sich besonders in der Märzrevolution und kämpfte als Barrikadenkämpferin im Schleswig-Holsteinischen Krieg. Nach der gescheiterten Revolution zog sie sich als Schriftstellerin zurück und verbrachte die letzten zwanzig Jahre ihres Lebens auf Wanderschaft. 1871 verstarb Louise Aston in Wangen im Allgäu.

Rose Ausländer

wurde 1901 in Czernowitz in Österreich-Ungarn geboren. Sie wuchs in einem weltoffenen, liberaljüdischen, aber auch kaisertreuen Elternhaus auf. Sie studierte an der Universität Czernowitz, brach das Studium jedoch ab und wanderte 1921 mit Ignaz Ausländer in die USA aus. In den USA begann sie mit dem Schreiben. 1931 kehrte sie nach Czernowitz zurück, um ihre kranke Mutter zu pflegen. Dort war sie als Lyrikerin, Journalistin, Übersetzerin und Englischlehrerin tätig. Ihr erster Gedichtband *Der Regenbogen* erschien 1939 in Czernowitz. 1946 siedelte sie nach New York über, wo sie Gedichte in deutscher und englischer Sprache veröffentlichte. Ihr Gedichtband *Blinder Sommer* erschien 1965 und war ihr literarischer Durchbruch. Ab da lebte sie in der Bundesrepublik und reiste viel. Bis zu ihrem Tod 1988 veröffentlichte sie zahlreiche Gedichte.

Ingeborg Bachmann,

1926 im österreichischen Klagenfurt geboren, studierte Philosophie, Psychologie und Germanistik in Innsbruck, Graz und Wien. Während dieser Zeit pflegte sie Kontakt zu Paul Celan, Ilse Aichinger und Klaus Demus. Der literarische Durchbruch gelang ihr bei einer Lesung der Gruppe 47 in Niendorf an der Ostsee. 1953 wurde sie außerdem mit dem Literaturpreis der Gruppe 47 für ihren Gedichtband *Die gestundete Zeit* bedacht. Danach ging sie nach Italien, wo sie als freie Schriftstellerin lebte. 1956 veröffentlichte Bachmann ihren zweiten Gedichtband, *Anrufung des Großen Bären*, und erhielt im Jahr darauf den Bremer Literaturpreis. Von 1958 bis 1963 unterhielt sie eine Beziehung mit dem Schweizer Schriftsteller Max Frisch. Bachmann gilt als eine der bedeutendsten Autorinnen des 20. Jahrhunderts. Ihr zu Ehren wird seit 1977 jährlich der Ingeborg-Bachmann-Preis verliehen. 1973 starb sie im Alter von 47 Jahren. Ihre letzte Erzählung *Gier* blieb ein Fragment.

Gottfried Benn

wurde 1886 in Mansfeld geboren. Er studierte erst Theologie und Philosophie in Marburg und begann 1905 ein Medizinstudium in Berlin. 1911 wurde er Unterarzt in einem Prenzlauer Infanterieregiment, bis er sich aus gesundheitlichen Gründen aus dem Militär zurückzog. Mit dem Gedichtband *Morgue* erregte Benn in avantgardistischen Kreisen Aufsehen, weil er die herkömmliche Vorstellung von Lyrik infrage stellte. 1917 ließ er sich in Berlin nieder und veröffentlichte die Prosasammlung *Gehirne* und die Gedichtsammlung *Fleisch*, die in schroffer Menschenverachtung seine Reaktion auf die Gräuel des Kriegs zeigten. Nach Ende des Zweiten Weltkriegs praktizierte er wieder als Arzt. 1951 erhielt er den Georg-Büchner-Preis. Fünf Jahre später starb Gottfried Benn im Alter von 70 Jahren in Berlin an Krebs.

Wolfgang Borchert

wurde 1921 in Hamburg geboren. In jungen Jahren nahm er Schauspielunterricht und zog anschließend mit einer Wanderbühne durchs Land. Gleichzeitig begann er, erste Gedichte zu veröffentlichen. Im Juni 1941 wurde Borchert zum Kriegsdienst eingezogen. Als ihm der Mittelfinger aufgrund einer Schussverletzung amputiert werden musste, warf man ihm Selbstverstümmelung vor. Daraufhin wurde er inhaftiert und nach seiner Entlassung nach Jena versetzt. Aufgrund weiterer Erkrankungen wurde er vorerst vom Kriegsdienst befreit. Es folgte eine weitere Verhaftung Borcherts, da er als Kabarettist mit einer Parodie auf Joseph Goebbels auftrat. Aus der Haft in Berlin-Moabit ging es erneut an die Front, bis er schließlich schwer krank in seine Heimatstadt zurückkehrte. Kurz vor seinem Tod im Jahr 1947 verfasste er das Heimkehr-Drama *Draußen vor der Tür*. Obwohl Borchert nur 26 Jahre alt wurde, zählt er zu den profiliertesten Schrift-stellern der Nachkriegsliteratur.

Bertolt Brecht

wurde 1898 in Augsburg geboren. Er studierte in München Medizin, konzentrierte sich aber auf sein literarisches Schaffen. 1924 zog Brecht nach Berlin und bekam eine Anstellung am Deutschen Theater Berlin. 1928 wurde seine *Dreigroschenoper* in Berlin uraufgeführt. Am Tag nach dem Reichstagsbrand floh Brecht mit seiner Familie auf die Insel Thurø bei Svendborg. Ein Großteil seiner Gedichte entstand im Exil, darunter die *Svendborger Gedichte*. 1941 flohen Brecht und seine Familie weiter in die USA. 1947 musste er darüber aussagen, ob er Mitglied einer kommunistischen Partei sei. Am Tag darauf verließ er mit seiner Familie die USA und kehrte über Umwege nach Berlin zurück. 1949 wurde am Deutschen Theater Berlin *Mutter Courage und ihre Kinder* uraufgeführt, Brechts erstes Stück im Stil des epischen Theaters. Kennzeichnend für diese Theaterform sind Verfremdungseffekte, die eine kritische Distanz beim Publikum erzeugen und zum politischen Handeln anregen sollen. 1956 verstarb Bertolt Brecht in Berlin.

Wilhelm Busch,

1832 in Wiedensahl bei Hannover geboren, verbrachte seine Kindheit getrennt von seinen Eltern in einem protestantischen Pfarrhaus. Sein Maschinenbaustudium brach er ab, um sich auf die Malerei zu konzentrieren. Ab 1851 studierte er Kunst an Akademien in Düsseldorf, Antwerpen und München. Neben der Malerei verfasste er Gedichte, Märchen- und Singspiele. Mit der Zeit entstanden die für Busch typischen Bildergeschichten, die eine Mischung aus Sprachkomik und ironischen Karikaturen sind. Die bekannteste seiner Bildergeschichten ist *Max und Moritz*, die 1865 veröffentlicht wurde und Busch berühmt machte. Busch schuf ein beeindruckendes malerisches Werk, das aus Porträts, Landschaftsgemälden und zahlreichen Szenen aus dem bäuerlichen Milieu besteht. Seine Gemälde blieben dennoch wenig bekannt. 1908 verstarb Busch in Mechtshausen bei Seesen.

Paul Celan

wuchs in einer deutschsprachigen jüdischen Familie in Czernowitz auf. Sein späterer Künstlername Celan ist ein rumänisiertes Anagramm seines eigentlichen Nachnamens Antschel. Celan musste von 1942 bis 1944 selbst Zwangsarbeit im Süden der heutigen Republik Moldau leisten. Nach der Befreiung von Czernowitz 1944 kehrte er dorthin zurück, ging 1945 nach Bukarest und floh 1947 vor den Kommunisten nach Paris, wo er 1955 die französische Staatsbürgerschaft annahm. In seinen Texten bearbeitete er die Erfahrungen im Exil, das Motiv der Fremde und Grenzübertritte. Aufmerksamkeit erreichte er 1952 mit der Veröffentlichung des Gedichtbandes *Mohn und Gedächtnis*. 1969 reiste er zum ersten und einzigen Mal nach Jerusalem und verarbeitete die dortigen Eindrücke in dem Gedichtband *Zeitgehöft*, der nach seinem Tod veröffentlicht wurde. Paul Celan nahm sich 1970 in Paris das Leben.

Adelbert von Chamisso

wurde 1781 in Frankreich auf dem Schloss Boncourt geboren. Im Zuge der Französischen Revolution floh die Familie und ließ sich in Berlin nieder. Der junge Adelbert trat als Page der Königin Friederike Luise in den preußischen Dienst, besuchte das Französische Gymnasium und lernte mit 15 Jahren die deutsche Sprache. Er interessierte sich stark für aufklärerische Schriften und entwickelte bürgerliche Moralvorstellungen, die mit der Distanzierung von seiner eigenen Familie einhergingen. Ab 1803 nahm er an Vorlesungen von August Wilhelm Schlegel teil und gründete die literarische Gruppe Nordsternbund, die sich den Leitgedanken der Frühromantik verpflichtet hatte. Ab 1810 folgten Aufenthalte in Frankreich und der Schweiz. 1813 kehrte er nach Berlin zurück und zählte dort zum literarischen Freundeskreis von E. T. A. Hoffmann. Obwohl Französisch Chamissos Muttersprache war, schuf er bedeutsame Werke in deutscher Sprache. Adelbert von Chamisso starb 1838 in Berlin.

Ada Christen

wurde 1839 in Wien geboren. Ihre Familie war wohlhabend, verlor jedoch ihr Vermögen, als Christens Vater aufgrund seiner Beteiligung an der Revolution von 1848 inhaftiert wurde. Christen musste sich ihren Lebensunterhalt als Blumenmädchen und Näherin verdienen. Später trat sie einem Wandertheater bei und arbeitete von 1855 bis 1858 am Meidlinger Theater. 1868 erschien ihr erster Gedichtband *Lieder einer Verlorenen*. Durch die Kombination aus Erotik und sozialer Anklage erreichte das Werk eine hohe Auflagenzahl. Weitere Gedichtbände, Erzählungen und Romane folgten. Aufgrund eines Nervenleidens zog sie sich in späteren Jahren völlig aus der Öffentlichkeit zurück. Nach einigen Kuraufenthalten im Ausland starb Christen 1901 auf Gut Einsamhof bei Inzersdorf.

Matthias Claudius

wurde 1740 in Reinfeld in Holstein geboren. Mit 19 Jahren begann er, Theologie in Jena zu studieren, wechselte aber schon bald zu den Rechtswissenschaften. 1763 veröffentlichte er sein erstes Werk *Tändelyen und Erzählungen*. Diese Veröffentlichung bescherte ihm neue Bekanntschaften mit deutschen Schriftsteller*innen, etwa mit Klopstock. Bald darauf entdeckte er den Journalismus für sich, arbeitete als Redakteur und veröffentlichte

schließlich viermal wöchentlich den *Wandsbecker Bothen*. Trotz reger Publikationstätigkeiten kam er in Geldnöte, bis er vom dänischen Kronprinzen einen Ehrensold für seine literarische Arbeit erhielt. Matthias Claudius verstarb 1815.

Franz Josef Degenhardt,

1931 in Schwelm geboren, war ein deutscher Liedermacher und Schriftsteller, dessen Repertoire lyrische Lieder ebenso umfasst wie Protestsongs, Grotesken, Parodien, Liebes- und Trinkballaden oder Lieder übers Leben und Kämpfen. Er studierte Jura in Freiburg und Köln, promovierte und arbeitete als Rechtsanwalt. Neben dreißig Langspielplatten veröffentlichte er diverse Romane wie *Zündschnüre* und *Brandstellen*, die 1975 und 1977 verfilmt wurden. Große Bekanntheit erlangte Franz Josef Degenhardt bereits 1965 mit dem Album *Spiel nicht mit den Schmuddelkindern*. Er war Mitglied des deutschen PEN-Zentrums sowie korrespondierendes Mitglied der Akademie der Künste der DDR. 2011 verstarb Franz Josef Degenhardt als profiliertester Gegenwartslyriker und Gründervater der deutschen Liedermacherbewegung.

Annette von Droste-Hülshoff,

geboren 1797 auf Schloss Hülshoff bei Münster, stammte aus dem altwestfälischen katholischen Adel. Ihre Kindheit verbrachte sie zurückgezogen, da sie recht kränklich war. Droste-Hülshoff widmete sich in ihrer Freizeit der Dichtung. Mit den Jahren gewann das Schreiben größere Bedeutung. Zu Lebzeiten unterhielt sie Kontakt zu den Brüdern Grimm, August Wilhelm Schlegel und Sibylle Mertens.

Emanzipationsbestrebungen und biedermeierliche Restauration bilden die zwei Pole ihrer spannungsreichen Dichtung. Die letzten Jahre ihres Lebens verbrachte Droste-Hülshoff vorwiegend auf Schloss Meersburg am Bodensee, wo sie 1848 an einer schweren Lungenentzündung verstarb. Zu ihren bekanntesten Gedichten zählen heute *Am Turm*, *Das Spiegelbild* und *Mondesaufgang*.

Joseph von Eichendorff

wurde 1788 auf Schloss Lubowitz bei Ratibor in Oberschlesien geboren. 1805 begann er in Halle an der Saale ein Studium der Rechts- und Geisteswissenschaften, das er nach einigen Unterbrechungen im Jahr 1812 in Wien abschloss. Anschließend beteiligte er sich an den Befreiungskriegen gegen Napoleon, wurde Schulrat und 1831 Regierungsrat im Berliner Kultusministerium. Neben seiner Karriere als preußischer Beamter floh er stets in die Welt der Poesie. Bis zu seinem Lebensende verfasste er zahlreiche Verserzählungen, dramatische Dichtungen und Gedichte. Die 1826 veröffentlichte Novelle *Aus dem Leben eines Taugenichts* zählt zu seinen bekanntesten Werken und läutete das Ende der Romantik ein. Er starb 1857 in Neisse in Oberschlesien an einer Lungenentzündung.

August Heinrich Hoffmann von Fallersleben

wurde 1798 in Fallersleben im Kurfürstentum Braunschweig-Lüneburg geboren. Fallersleben studierte ab 1816 Theologie, dann klassische Philologie und Archäologie. Ab 1830 war er Professor für Deutsche Sprache und Literatur an der Universität Breslau. In den Jahren 1840 und 1841 erschien Fallerslebens zweiteilige Gedichtsammlung *Unpolitische Lieder*, die kritisch die gesellschaftlichen Verhältnisse in Deutschland thematisierten. Fallerslebens öffentliches Favorisieren eines einheitlichen Deutschlands und seine freiheitlich geprägten Überzeugungen führten im Jahr 1842 zur Enthebung seiner Professur durch die preußische Regierung, die seine Bestrebungen als staatsgefährdend einstufte. Er ließ sich von seinen Überzeugungen aber nicht abbringen. Dies spiegelt sich auch in dem von ihm geschriebenen *Lied der Deutschen* wider, dessen dritte Strophe zusammen mit der von Joseph Haydn stammenden Melodie die deutsche Nationalhymne bildet. Fallersleben starb 1874 in Corvey.

Paul Fleming

wurde 1609 im erzgebirgischen Hartenstein geboren. Nach der Schulzeit absolvierte er ein Medizinstudium. In diese Zeit fiel auch der Beginn seiner literarischen Produktion. Nach seinem Studium schloss er sich einer Gesandtschaftsmission an und begründete diese Entscheidung später in der *Elegie an sein Vaterland* mit der Flucht vor dem Krieg, der in seiner Heimat herrschte. Paul Fleming schrieb in lateinischer und deutscher Sprache. Zwar galt er als bedeutendster Lyriker des deutschen Barocks, unterschied sich jedoch formal und inhaltlich von den vorherrschenden Motiven und Schwerpunkten. So war beispielsweise die Verarbeitung persönlicher Eindrücke und Erfahrungen in seinen Gedichten für ihre Entstehungszeit untypisch. 1640 starb Paul Fleming in Hamburg.

Theodor Fontane

wurde in Neuruppin geboren. Getauft auf den Namen Henri Théodor wurde fälschlicherweise der Name Heinrich Theodor ins Kirchenbuch eingetragen. Nach seiner Ausbildung arbeitete er in diversen Städten als Apotheker, wobei er neben dem Beruf die Zeit fand, an seiner schriftstellerischen Karriere zu arbeiten. 1841 erkrankte er an Typhus und erholte sich bei seinen Eltern. Nach seiner Genesung setzte er sich intensiv mit dem demokratischen Gedankengut auseinander. Während seiner ersten Englandreise 1844 kam er in Kontakt mit der englischen Literatur, die er fortan verehrte. In der Folge übersetzte er u. a. Shakespeares *Hamlet*. 1843 wurde er von einem Freund in die Berliner literarische Gesellschaft Tunnel über der Spree eingeführt, zu der beispielsweise auch Theodor Storm gehörte. Zu seinen bekanntesten Werken zählt der Roman *Effi Briest*. Theodor Fontane starb 1898 in Berlin.

Georg Forster,

1754 in Nassenhuben bei Danzig geboren, war Schriftsteller, Naturforscher, Entdecker, Zeichner, Übersetzer und entschiedener Revolutionär. Schon mit elf Jahren begleitete er seinen Vater, seinerseits Pfarrer und Botaniker, auf Forschungsreisen an der Wolga. Außerdem nahm er 1772 an James Cooks zweiter Weltumsegelung teil. Nach seiner Rückkehr schrieb Forster einen ausführlichen Bericht, *Reise um die Welt*. Ein paar Jahre später kehrte er nach Deutschland zurück und hielt sich in Göttingen auf. 1790 ging Forster erneut auf Reisen, dieses Mal mit dem jungen Alexander von Humboldt. Sie reisten durch die Niederlande, Großbritannien und Frankreich. Die Französische Revolution begeisterte Forster und 1793 reiste er als Mitbegründer der Mainzer Republik und Vizepräsident des Rheinisch-deutschen Nationalkonvents nach Paris. Dort starb er 1794 an einer Lungenentzündung.

Ferdinand Freiligrath

wurde 1810 in Detmold geboren. Er besuchte das Gymnasium und erlernte später den Beruf des Kaufmanns. Nach einer längerdauernden Brustkrankheit begann Freiligrath mit eigenen Gedichten; erste Veröffentlichungen gab es 1828 im *Soester Wochenblatt*. 1848 plante Freiligrath eine Auswanderung nach Amerika. Der Ausbruch der Revolution veranlasste seine Rückkehr nach Deutschland, wo er sich in Düsseldorf niederließ und am politischen Geschehen beteiligte. Freiligrath zog dann nach Köln und trat dort der Redaktion der von Karl Marx und Friedrich Engels herausgegebenen *Neuen Rheinischen Zeitung* bei. Wegen seines Einsatzes für freiheitlich-demokratische Ideale und soziale Reformen musste er mehrmals ins Ausland flüchten. Im Londoner Exil schrieb Freiligrath unter anderem die Gedichte *Die Revolution* und *Februarklänge* sowie die *Neueren politischen und socialen Gedichte*. 1868 wurde er amnestiert und starb 1876 in Cannstatt.

Paul Gerhardt

wurde 1607 in Gräfenhainichen geboren. 1628 immatrikulierte sich Gerhardt in Wittenberg für Theologie und Philosophie. Er traf dort auf bekannte Lehrer der lutherischen Orthodoxie, wie etwa August Buchner, und fand schließlich eine Anstellung als Hauslehrer. 1637 wurde seine Heimatstadt von der schwedischen Armee zerstört und sein Bruder Christian starb. Beide Ereignisse prägten Gerhardt stark. 1642 verfasste er sein erstes Gedicht. Gerhardt war ein evangelisch-lutherischer Theologe und wurde 1666 wegen konfessioneller Spannungen aus der Nikolaikirche entlassen. Bereits im selben Jahr hatte er begonnen, kleine Hefte anzulegen, die jeweils zwölf seiner Arbeiten enthielten. Sie wurden in den 1667 erschienenen *Geistlichen Andachten* als erste Gesamtausgabe seiner Liedertexte zusammengefasst und von Johann Georg Ebeling, herausgegeben. Sie enthielt 120 Lieder von Gerhardt. Gerhardt lebte bis zu seinem Tod 1676 in bescheidenen Verhältnissen.

Karl von Gerok,

geboren 1815 in Vaihingen an der Enz, war ein deutscher Theologe und Lyriker. Als Sohn eines Pfarrers wuchs er in geistig aufgeschlossener und christlicher Atmosphäre auf und besuchte ein Gymnasium in Stuttgart, wo Gustav Schwab seine dichterischen Talente förderte. Vor allem Goethe war sein Vorbild. Ab 1844 war Gerok als Diakonus tätig, dann als Archidiakonus an der Stiftskirche und Dekan der Landdiözese. 1868 wurde er Oberhofprediger an der Schlosskirche und galt als einer der bedeutendsten Kanzelredner seiner Zeit, außerdem veröffentlichte er zahlreiche Gedichte, beispielsweise im Gedichtband *Palmblätter*, die ihn zum bekanntesten und beliebtesten geistlichen Dichter des 19. Jahrhunderts werden ließen. Er starb 1890 in Stuttgart.

Hermann Gilm von Rosenegg

wurde 1812 in Innsbruck geboren. Er besuchte das Gymnasium in Vorarlberg und begann danach ein Jurastudium an der Universität Innsbruck. Ab 1840 war er Staatsbeamter in Schwaz, Bruneck und Rovareto, bis er 1846 nach Wien ging, um dort als Konzeptspraktikant in der Hofkanzlei zu arbeiten und nach deren Auflösung im Innenministerium. Zehn Jahre später folgte die Ernennung zum Leiter des Präsidialbüros der Stadthalterei, wo er u. a. für das Theaterressort zuständig war. Gilm schrieb selbst Gedichte, politische Lieder und Polemiken. Als Liberaler konnte er jedoch seine politische und kirchliche Überzeugung nicht unter seinem Namen veröffentlichen, daher erschien zu seinen Lebzeiten nur der Gedichtband *Tiroler Schützenleben*. Gilm starb 1864 in Linz.

Leopold Friedrich Günther Goeckingk

wurde 1748 in Gröningen/Halberstadt geboren. Er besuchte das Pädagogium in Halle, auf dem auch Gottfried August Bürger Schüler war. Die Freundschaft zwischen ihnen entwickelte sich jedoch erst später. Nach dem Schulabschluss studierte Goeckingk an der Universität Halle und wurde 1768 Referendar an der Halberstädter Kammer. Außerdem trat er in den literarischen Kreis um Gleim ein und empfing dort richtunggebende Elemente seiner ästhetischen Bildung und seiner Weltanschauung. Ab 1776 leitete er den *Göttinger Musenalmanach* und war von 1780 bis 1788 mit J. H. Voß für den *Hamburger Musenalmanach* verantwortlich. 1786 ging er als Kriegs- und Domänenrat nach Magdeburg, 1788 nach Wernigerode, 1793 als Geheimer Finanzrat nach Berlin. Ab 1809 lebte er schließlich im Ruhestand. Im Februar 1828 starb er im schlesischen Wartenberg.

Johann Wolfgang von Goethe

wurde 1749 in Frankfurt am Main geboren. Goethes Vater legte von Beginn an großen Wert auf die Bildung seiner Kinder. Nach seinem Jurastudium in Leipzig reichte Goethe eine Dissertation ein, die aufgrund ihrer religionskritischen Thesen abgelehnt wurde. In Frankfurt eröffnete er eine kleine Kanzlei, widmete sich aber nebenher dem Verfassen literarischer Texte. 1775 zog es ihn nach Weimar, welches bereits als »Musenhof« bekannt war. Johann Wolfgang Goethe wurde 1782 in den Adelsstand gehoben. Goethes langjährige Freundschaft mit Friedrich Schiller begann 1794. Obwohl sie eigentlich Konkurrenten waren, führten sie einen inspirierenden Briefwechsel. 1815 wurde Goethe zum Staatsminister ernannt. Zu den bekanntesten Werken aus seinem umfassenden Lebenswerk zählen *Iphigenie auf Tauris*, *Wilhelm Meisters Lehrjahre*, *Die Wahlverwandtschaften* und *Faust*. 1832 verstarb Johann Wolfgang von Goethe im Alter von 82 Jahren in Weimar.

Martin Greif,

eigentlich Friedrich Hermann Frey, wurde 1839 in der bayerischen Pfalz in Speyer geboren. Dort verbrachte er auch seine Kindheit, bis sein Vater 1856 versetzt wurde und die Familie nach München zog, wo Greif sein Abitur machte und später als Kadett der Armee beitrat, um 1859 Offizier zu werden. 1864 veröffentlichte er die Gedichtsammlung *Frühlingsturmlieder*, die v. a. patriotische Gedichte enthielt. Nach seiner Entlassung aus der Armee widmete er sich

ausschließlich der Literatur und ließ sich dafür in München nieder. Durch die Vermittlung Eduard Mörikes veröffentlichte Greif 1868 die Sammlung *Gedichte*. Erst in fortgeschrittenem Alter wandte er sich wieder der vaterländischen Lyrik zu und schrieb Auftragsdichtungen, Prologe oder Festspiele. Greif verstarb mit 71 Jahren in einem Krankenhaus in Kufstein.

Ulla Hahn,

geboren 1945, aufgewachsen in Monheim am Rhein, Studium der Germanistik, Soziologie und Geschichte. Promotion zum Thema Literatur in der Aktion. Sie arbeitete u. a. als Journalistin, als Lehrbeauftragte an verschiedenen Universitäten und als Kulturredakteurin bei Radio Bremen. Erste Gedichte veröffentlichte sie in den 1970er Jahren. Bekannt als Lyrikerin ist sie seit Anfang der 1980er Jahre. Seit 1990 veröffentlicht sie zudem Romane, Erzählungen und Essays, u. a. die autobiografisch basierte Romantetralogie: *Das verborgene Wort* (2001), *Aufbruch* (2007), *Spiel der Zeit* (2014), *Wir werden erwartet* (2017). Zuletzt erschien 2021 der Lyrikband *stille trommeln* und 2022 der Roman *Tage in Vitopia*. 2023 wurde der Gedichtzyklus *An einem klaren Tag*, Komposition: Sean Shepherd, in der Carnegie Hall, New York City, uraufgeführt.

Friedrich Hebbel

wurde 1813 in Wesselburen geboren. 1835 siedelte er nach Hamburg über und ging von dort zum Studium, das er jedoch nie abschloss, nach Heidelberg und München. Er lebte von der Unterstützung seiner Hamburger Freundin Elise Lensing, zu der er 1839 zurückkehrte. Bekannt wurde er 1840 durch sein Debütdrama *Judith*, das ihm noch keine finanzielle Lebensgrundlage verschaffte. Mit einem Reisestipendium des dänischen Königs reiste er nach Paris und Rom. In Paris schrieb er das bürgerliche Trauerspiel *Maria Magdalena* und ging damit endgültig in die Weltliteratur ein. Trotzdem kehrt er 1845 bankrott, abgerissen und unterernährt nach Wien zurück. Ab da wendete sich das Schicksal und er fand begeisterte Anhänger. Sein Drama *Die Nibelungen* stellt die wichtigste Bearbeitung des Epos für das Theater dar. Durch die jahrelange Unterernährung starb Hebbel 1863 an den Folgen von Osteoporose.

Heinrich Heine

wurde 1797 als Sohn eines jüdischen Kaufmanns in Düsseldorf geboren. 1819 begann er ein Jurastudium in Bonn und besuchte Schlegels Vorlesung zur Geschichte der deutschen Sprache und Poesie. Die Bekanntschaft mit dem Vorreiter der deutschen Romantik übte großen Einfluss auf ihn aus. Nach einer kurzen Station in Göttingen wechselte Heine an die Berliner Universität, wo er u. a. bei Hegel studierte. In Berlin knüpfte er Kontakte zur literarischen Avantgarde und veröffentlichte seine ersten literarischen Texte. Aufgrund seiner politischen Haltung und seiner jüdischen Herkunft musste er bald darauf Deutschland verlassen und floh ins Pariser Exil. Aus dem romantischen wurde ein politischer Schriftsteller. Er machte Alltagssprache zu Lyrik und den Reisebericht zu einer Kunstform. Heine litt mit der Zeit jedoch immer stärker an Muskelschwund. Seine mit der Krankheit verbundenen Lähmungserscheinungen fesselten ihn ans Bett. Er gilt als bedeutendster Dichter und Schriftsteller des 19. Jahrhunderts. 1856 erlag Heinrich Heine seiner Krankheit in Paris.

Georg Heym

wurde 1887 in Hirschberg geboren. Zeit seines Lebens machten Heym die konservativen Verhältnisse zu schaffen. Nach seinem Schulabschluss 1907 begann er auf Wunsch des Vaters ein Jurastudium in Würzburg. Seine juristische Staatsprüfung legte er 1911 in Berlin ab, obwohl er eine tiefe Abneigung gegen die Berufung seines Vaters hegte. Während seines Vorbereitungsdienstes im Amtsgericht von Lichterfelde in Berlin wurde er wegen unzulässiger Vernichtung juristischer Unterlagen entlassen. Daraufhin wollte er eine militärische Karriere antreten. Dazu kam es jedoch nicht mehr, da Heym 1912 bei dem Versuch, einen ins Eis eingebrochenen Freund zu retten, selbst zu Tode kam. Er hinterließ etwa 500 größtenteils expressionistische Gedichte, einige Prosastücke und Dramen, und zählt zu den Wegbereitern des literarischen Expressionismus.

Heinrich Hoffmann

wurde 1809 in Frankfurt am Main geboren. Er studierte von 1829 bis 1833 Medizin an der Ruprecht-Karls-Universität Heidelberg und der Friedrichs-Universität Halle. Nach seiner Promotion ließ er sich als praktischer Arzt und Geburtshelfer in Sachsenhausen nieder. Später unterrichtete er Anatomie und war bis zu seiner Pensionierung 1888 Direktor der Anstalt für Irre und Epileptische in der Frankfurter Nervenheilanstalt. Er gilt als erster Vertreter der Jugendpsychiatrie. Darüber hinaus war er politisch aktiv als Abgeordneter im Frankfurter Vorparlament. Seit 1842 veröffentlichte Hoffmann Gedichte und

Dramen unter zahlreichen Pseudonymen. Weltweite Bekanntheit erlangte er durch sein eigens illustriertes Kinderbuch *Der Struwwelpeter* (1844) und das Weihnachtsmärchen *König Nußknacker und der arme Reinhold* (1851). Heinrich Hoffmann starb 1894 nach einem Schlaganfall.

Friedrich Hölderlin

wurde 1770 in Lauffen am Neckar geboren. Auf den Wunsch seiner Mutter hin studierte Hölderlin Theologie im Tübinger Stift, wo er u. a. Bekanntschaft mit Hegel machte. Während der Studienzeit veröffentlicht er erste Gedichte und arbeitet an seinem Roman *Hyperion*. Nach bestandenem Examen erhielt er auf Vermittlung Schillers eine Stelle als Hauslehrer. Schiller veröffentlichte 1794 ein Fragment seines Romans *Hyperion*, der 1797 erschien und auf den 1799 der zweite Band folgte. 1794 hielt sich Hölderlin längere Zeit in Jena und Weimar auf und traf dort häufig mit Schiller und Goethe zusammen. Trotz seiner seelischen Zerrüttung übernahm er eine Stelle als Hofbibliothekar in Homburg. Dort verschlechterte sich sein Zustand weiter und er wurde schließlich gegen seinen Willen 1806 in eine Klinik in Tübingen eingeliefert, 1807 wurde er als unheilbar entlassen. Bis zu seinem Tod 1843 lebte er weitere 36 Jahre im »Tübinger Turm« am Neckar, der zu Zimmers Haus gehörte und schrieb Gedichte. Erst nach seinem Tod erlangte sein Werk größere Bekanntheit.

Ricarda Huch

wurde 1864 in Braunschweig geboren. Da es Frauen in Deutschland zu dieser Zeit untersagt war, Abitur zu machen und zu studieren, ging sie zu diesem Zweck nach Zürich. Sie erhielt als eine der ersten deutschen Frauen an der Universität von Zürich einen Doktortitel der Philosophischen Fakultät. 1891 erschien ihr erster Gedichtband, den sie noch unter dem Pseudonym Richard Hugo veröffentlichte, 1892 dann das erste Bühnenstück *Evoë!*. 1900 zog Huch mit ihrer Familie nach München. Während des Ersten Weltkrieges zog sie zuerst erneut in die Schweiz, dann nach München und 1927 nach Berlin. Dort wurde Ricarda Huch als erste Frau in die Sektion für Dichtkunst der Preußischen Akademie der Künste aufgenommen. Als Protest gegen den Ausschluss von Alfred Döblin trat sie im Frühling 1933 als erstes Mitglied aus der Akademie aus. Nach dem Zweiten Weltkrieg machte Huch es sich zur Aufgabe, den Widerstandskämpfer*innen ein Denkmal zu setzen, allerdings wurden die Originalarbeiten Huchs erst 1997 im Leipziger Universitätsverlag veröffentlicht. Sie starb 1947.

Mascha Kaléko

wurde 1907 als Tochter eines jüdisch-russischen Kaufmanns im galizischen Chrazanów in Österreich-Ungarn geboren. Ihre Mutter floh nach Ausbruch des Ersten Weltkrieges mit ihr und ihrer Schwester vor Pogromen nach Deutschland, wo ihr Vater aufgrund seiner russischen Staatsbürgerschaft inhaftiert wurde. Ab 1918 lebte die Familie in Berlin, wo Kaléko die Schule besuchte und später neben ihrer Tätigkeit als Stenotypistin in der Abendschule Psychologie und Philosophie studierte. In den 1920er Jahren fand Kaléko im Romanischen Café Anschluss an die künstlerische Avantgarde der Stadt und kam u. a. in Kontakt mit Else Lasker-Schüler,

Klabund und Kurt Tucholsky. Erste Gedichte von ihr wurden in Zeitungen und Zeitschriften veröffentlicht, bevor sie 1933 mit ihrem im Rowohlt Verlag erschienenen Werk *Das lyrische Stenogrammheft* ihren größten Erfolg feiern konnte. 1935 erhielt sie aufgrund ihrer jüdischen Herkunft Berufsverbot und floh mit Sohn und Ehemann 1938 nach New York. 1957 kehrte sie nach Westdeutschland zurück, wanderte aber kurz darauf nach Jerusalem aus. Immer wieder unternahm sie Reisen nach Europa, wo weitere ihrer Werke veröffentlicht wurden. 1975 verstarb Mascha Kaléko in Zürich an Krebs.

Marie Luise Kaschnitz

wurde 1901 in Karlsruhe geboren und wuchs in Potsdam und Berlin auf. Nach einer Ausbildung zur Buchhändlerin arbeitete sie beim O. C. Recht Verlag in München und in einem Antiquariat in Rom. Ihren Mann, den Archäologen Guido Kaschnitz von Weinberg, begleitete sie auf mehrere seiner Forschungsreisen. Dabei wohnte sie u. a. in Rom, Marburg und Königsberg, nach 1941 jedoch vor allem in Frankfurt am Main. Kaschnitz begann zu schreiben, darunter Romane, Erzählungen, Essays und Gedichte. Ihr erster Roman *Liebe beginnt* erschien 1933. Sie wurde mit zahlreichen Preisen ausgezeichnet und war Mitglied des PEN-Zentrums Deutschland, der Deutschen Akademie für Sprache und Dichtung sowie der Bayerischen Akademie der Schönen Künste. Im Oktober 1974 verstarb sie in Rom.

Erich Kästner

wurde 1899 in Dresden geboren. Er erhielt von der Stadt Dresden ein Stipendium für ein Studium der Germanistik, Geschichte, Philosophie und Theaterwissenschaft in Leipzig. Während des Studiums hatte Kästner bereits Gedichte in Zeitschriften veröffentlicht und als Redakteur für die *Neue Leipziger Zeitung* gearbeitet. 1927 ging Kästner nach Berlin, wo er für verschiedene renommierte Zeitungen schrieb. Sein erstes veröffentlichtes Kinderbuch *Emil und die Detektive* machte ihn weltberühmt. 1931 veröffentlichte er den Roman *Fabian. Geschichte eines Moralisten,* der kurz vor Hitlers Machtergreifung ein kritisches Bild der Berliner Gesellschaft zeichnete und bald verboten wurde. Bei der Bücherverbrennung 1933 war er als einziger betroffener Schriftsteller unter den Zuschauenden. In den folgenden Jahren wurde Kästner mehrfach verhaftet, weigerte sich aber trotz Veröffentlichungs- und Schreibverbot, Deutschland zu verlassen. Stattdessen veröffentlichte er seine Bücher in der Schweiz. Schließlich konnte er mit seinen letzten beiden Kinderbüchern *Das doppelte Lottchen* und *Der kleine Mann und die kleine Miss* noch mal an frühere Erfolge anknüpfen, bevor er sich aus dem Literaturbetrieb zurückzog. Kästner verstarb 1974 in München.

Gottfried Keller

wurde 1819 in Zürich geboren. Mit 15 Jahren musste er wegen eines Jugendstreiches die Schule verlassen. Er nahm Unterricht in Landschaftsmalerei und begann anschließend ein Studium an der Kunstakademie in München. 1842 kehrte er zurück nach Zürich und widmete sich zunehmend dem Schreiben. Keller veröffentlichte einen Gedichtband und während eines längeren Aufenthaltes in Berlin 1854 die erste Fassung seines Romans *Der grüne Heinrich*. Im folgenden Jahr kehrte er zurück nach Zürich und lebte ohne Einkommen bei Mutter und Schwester. Bis zu seinem Tod 1890 veröffentlichte Gottfried Keller noch mehrere Gedichte, Novellen und Romane, darunter *Kleider machen Leute* und *Romeo und Julia auf dem Dorfe*.

Isolde Kurz,

1853 in Stuttgart geboren, wuchs ab ihrem sechsten Lebensjahr in Oberesslingen auf. Höhere Schulbildung war damals nur für Jungen vorgesehen und so eignete sie sich vieles autodidaktisch an – besonders lagen ihr die Sprachen. Als ihr Vater 1873 starb, zog Isolde Kurz nach München und verdiente ihren Lebensunterhalt mit Übersetzungen und Sprachunterricht. Sie verließ die Stadt 1877 und zog mit ihrer Mutter und ihrem jüngeren Bruder zu ihrem älteren Bruder nach Florenz. Dort wohnte sie bis 1912, verbrachte die letzten Jahre vor allem mit der Pflege ihrer kranken Mutter und zog anschließend zurück nach München. Ihre literarische Karriere begann Anfang der 1890er Jahre mit dem großen Erfolg der *Florentiner Novellen* und *Italienischen Erzählungen*. Im Juni 1933 wurde Isolde Kurz in die nach dem Willen der NSDAP neu strukturierte Preußische Akademie der Künste berufen. Zwar war sie eine anerkannte Schriftstellerin, hatte jedoch zuvor das französische Manifest gegen »Auswüchse des Nationalismus, für Europa und für die Verständigung zwischen Frankreich und Deutschland« (1931) genauso unterzeichnet wie die Aufrufe »Gegen den

Antisemitismus« und »Für die Ächtung der Kriegsmittel« (1930). Isolde Kurz verstarb 1944.

Else Lasker-Schüler

wurde 1869 in Elberfeld geboren. Die deutsch-jüdische Dichterin, Schriftstellerin und Dramatikerin war Vertreterin der avantgardistischen Moderne und des Expressionismus. 1894 zog sie nach Berlin. Bald nach der Geburt ihres Sohnes Paul 1899 erschien ihr erster Gedichtband *Styx*. Lasker-Schüler wurde zu einer der wichtigsten Stimmen des deutschen Expressionismus. Aufgrund ihrer jüdischen Herkunft in Deutschland verfolgt, floh sie ins Schweizer Exil. Von dort aus unternahm sie mehrere Reisen nach Palästina. Ihre Aufenthalte in Jerusalem verarbeitete sie in dem 1937 erschienenen *Hebräerland*. 1939 wurde ihr das Visum für die Rückreise in die Schweiz verweigert. Trotz existentieller Nöte hörte sie nicht auf zu schreiben. 1943 erschien ihr avantgardistischer Gedichtband *Mein blaues Klavier*. Sie starb 1945 in Jerusalem.

Nikolaus Lenau

wurde 1802 in Csatád, heute Lenauheim, geboren und wuchs in einer verarmten Offiziersfamilie auf. Nach dem Abitur siedelte er über zu seinen wohlhabenden Großeltern väterlicherseits und studierte mit ihrer finanziellen Unterstützung. Seine erste Veröffentlichung war das Gedicht *Die Jugendträume* 1828. 1831 hatte er erstmals Kontakt zum Schwäbischen Dichterkreis und machte dort u. a. Bekanntschaft mit Gustav Schwab und Ludwig Uhland. In Stuttgart verkehrte er in verschiedenen Salons, in denen er eigene Gedichte rezitierte.

Er verfasste dramatische Werke mit epischem Ton und lyrischen Elementen: *Faust, Savonarola* und *Die Albigenser*. 1844 brach Lenau zusammen und erholte sich nicht mehr: Er hatte psychische Probleme, erlitt einen Schlaganfall und versuchte mehrmals, sich das Leben zu nehmen. Nikolaus Lenau starb 1850 in Oberdöbling/Wien.

Friedrich von Logau

wurde 1605 als Sohn eines Gutsbesitzers in Brockut, Schlesien, geboren. Sein Vater starb noch im Jahr seiner Geburt. Er studierte Rechtswissenschaften an der Universität Altdorf bei Nürnberg. 1633 übernahm er das verschuldete und kaum ertragreiche Familiengut und behielt dies auch in Zeiten der Kriegsnöte. Logau wurde vom Brieger Herzog Ludwig IV. an dessen Hof berufen, trat in dessen Dienste und ging 1654 mit seinem Herrn nach Liegnitz, wo er zum Regierungsrat und Hofmarschall befördert wurde. Seine Hauptwerke sind *Zwey Hundert Teutscher Reimen-Sprüche* (1638) und *Deutscher Sinn-Getichte Drey Tausend* (1654). Diese Sammlungen mit Spruchgedichten enthielten zeitkritische, satirische und sittlich-religiöse Epigramme. Friedrich von Logau starb 1655 im Alter von 50 Jahren.

Siegfried August Mahlmann,

1771 in Leipzig geboren, wuchs unter wechselnden Vormundschaften auf und begann nach der Schule ein Jurastudium an der Universität Leipzig, das er jedoch wenig später abbrach. 1803 erschien die parodistische Satire *Herodes vor Bethlehem, oder der triumphirende Viertelsmeister. Ein Schau- Trauer- und Thränenspiel in drey Aufzügen. Als Pendant zu den vielbeweinten Hussiten vor Naumburg.* Sie machte Mahlmann in ganz Deutschland bekannt. Es folgten weitere Lustspiele. 1805 übernahm er die Redaktion der *Zeitung für die elegante Welt.* Mahlmanns Lyrik ist konventionell und von der zeittypischen Religiosität geprägt, aber mit Gefühl für Rhythmik und Melodik geschrieben. Seit 1796 war er Mitglied der Leipziger Freimaurerloge Minerva zu den drei Palmen, wurde 1813 zu ihrem Meister vom Stuhl und blieb dies bis zu seinem Tode 1826.

Peter Maiwald

wurde 1946 im baden-württembergischen Grötzingen geboren. Er studierte an der Universität München, brach das Studium jedoch nach acht Semestern ab. Ab 1968 lebte er als freier Schriftsteller in München und trat im selben Jahr der Deutschen Kommunistischen Partei bei. 1984 war er einer der Mitbegründer der linken Monatszeitschrift *Düsseldorfer Debatte.* Er wurde daraufhin aus der DKP ausgeschlossen, da er sich in der Zeitschrift aus Sicht der Partei zu kritisch über Moskau und die DDR geäußert hatte. Ab 1985 lebte er in Düsseldorf. Maiwald war vorrangig Lyriker, schrieb jedoch auch Kurzprosa, Essays, Hörspiele, Drehbücher, Reportagen, Lieder und Kabaretttexte. Maiwald veröffentlichte außerdem Agitprop-Stücke in Brecht'scher Manier. Maiwald war Mitglied im Verband deutscher Schriftsteller und erhielt u. a. den Förderpreis zum Friedrich-Hölderlin-Preis der Stadt Bad Homburg 1983 und den Rheinischen Literaturpreis Siegburg 1997. Peter Maiwald starb 2008 im Alter von 62 Jahren.

Ulrich Maske

wurde in Hannover geboren und studierte Psychologie in Hamburg. Nach seinem Studienabschluss arbeitete er als Musikproduzent mit profilierten Künstlerinnen und Künstlern aus den Bereichen Jazz, Folk, World Music und der Liedermacherszene zusammen, darunter Hannes Wader, Miriam Makeba, Ruben Blades, Abdullah Ibrahim und Maria Farantouri. Er ist Text- und Musikautor, Regisseur und Produzent für Musik, Hörbücher und Hörspiele. Seine Veröffentlichungen für Kinder und Erwachsene erhielten zahlreiche Auszeichnungen. Als Mitgründer des JUMBO Verlags verantwortet er seit über 30 Jahren die Programme JUMBO, GOYA, GOYAlibre und GOYALiT. Die Liebe zur Lyrik begleitet ihn schon seit seiner Kindheit. Mit 18 Jahren veröffentlichte er sein erstes Gedicht.

Friederike Mayröcker

wurde 1924 in Wien geboren. Bereits 1939 begann sie mit ersten literarischen Arbeiten, sieben Jahre später folgten kleinere Gedichtveröffentlichungen. 1954 lernte sie Ernst Jandl kennen, mit dem sie zunächst eine enge Freundschaft verband, später wurde sie zu seiner Lebensgefährtin und lebte mit ihm bis zu seinem Tod im Jahr 2000 zusammen. Nachdem erste Gedichte in der Wiener Avantgarde-Zeitschrift *Plan* veröffentlicht wurden, folgte 1956 ihre erste Buchveröffentlichung. Seitdem folgten Lyrik und Prosa, Erzählungen und Hörspiele, Kinderbücher und Bühnentexte. Sie zählt zu den wichtigsten deutschsprachigen Autorinnen ihrer Generation und wurde mehrfach ausgezeichnet, u. a. mit dem Else-Lasker-Schüler-Lyrikpreis, dem Georg-Büchner-Preis und dem Österreichischen Buchpreis. Friederike Mayröcker starb 2021 in Wien.

Selma Merbaum

wurde 1924 in Czernowitz in der Bukowina geboren und wuchs in bescheidenen Verhältnissen in einer jüdischen Familie auf. Ab 1939 schrieb sie eigene Gedichte, die von diesen Vorbildern geprägt waren. Außerdem übersetzte sie aus dem Französischen, Rumänischen und Jiddischen. In der zionistischen Jugendbewegung Haschomer-Hazair lernte sie Leiser Fichmann kennen und die beiden verliebten sich. Als die Nazis 1941 Czernowitz besetzten, wurde Leiser in ein Zwangsarbeiterlager gebracht und Selma Merbaum mit ihren Eltern ins Ghetto gezwungen. Selma Merbaum starb 1942 im Alter von 18 Jahren an Flecktyphus. Ihre Eltern starben kurze Zeit später. Fichmann verwahrte den Gedichtband *Blütenlese* mit 58 Gedichten im Arbeitslager bis 1944, bis er ihn einer Freundin von Merbaum in Czernowitz übergab und nach Israel floh. Eins der Gedichte geriet aus Bukarest nach Ostberlin, wo es in der Anthologie *Welch Wort in die Welt gerufen* abgedruckt wurde. Selma Merbaums ehemaliger Klassenlehrer las das Gedicht, begab sich auf die Suche und veröffentlichte 1976 auf eigene Kosten 400 Exemplare der Gedichte. Über Umwege gelangte eins dieser Exemplare an Hilde Domin, die dafür sorgte, dass 1980 im *Stern* und 2005 die Gedichte der Lyrikerin unter dem Titel *Ich bin in Sehnsucht eingehüllt* veröffentlicht wurden. Ihr Werk zählt mittlerweile zur Weltliteratur.

Conrad Ferdinand Meyer,

1825 in Zürich geboren, gilt als einer der bedeutendsten Schweizer Erzähler und Lyriker des 19. Jahrhunderts. Meyer wuchs teilweise in Lausanne auf, wo er Französisch lernte. Er studierte Jura, dann Geschichte, Philologie und Malerei. Erst 1860 entschied er sich dafür, Schriftsteller zu werden. Sein erster literarischer Erfolg war der Gedichtzyklus *Huttens letzte Tage* (1872). Er schrieb u. a. den Roman *Georg Jenatsch* (1876) oder die Novelle *Die Richterin* (1885). 1882 erschien die Sammlung *Gedichte*, welche ihn auch als bedeutenden Lyriker zeigt. Meyer kam 1852 und 1892 in eine Nervenheilanstalt. Sein Zustand verschlechterte sich immer weiter und er wurde ohne Besserung entlassen. Seine letzten Jahre verbrachte er in Kilchberg, wo er von seiner Frau gepflegt wurde und schließlich 1898 starb.

Christian Morgenstern

wurde 1871 als Sohn eines Landschaftsmalers in München geboren. Nach dem Besuch des Gymnasiums studierte Morgenstern zunächst Nationalökonomie in Breslau. Nach kurzer Zeit brach er das Studium ab und zog 1894 nach Berlin, wo er in der Nationalgalerie arbeitete und erste Texte veröffentlichte. Sein erster Gedichtband *In Phanta's Schloss* erschien 1895. Immer wieder unternahm er Reisen durch Europa, u. a. nach Skandinavien und Italien. 1897 übernahm er Übersetzungsaufträge für den Fischer Verlag und verpflichtete sich etwa, *Ibsen* aus dem Norwegischen zu übertragen, ohne die Sprache wirklich zu beherrschen. Er selbst verfasste vor allem Gedichte, Epigramme und Aphorismen. Bekannt machten ihn seine *Galgenlieder* und der *Palmström*. Außerdem veröffentlichte er zu Lebzeiten acht Gedichtsammlungen. Neben seiner schriftstellerischen Tätigkeit arbeitete Morgenstern in Berlin ab 1903 auch als Dramaturg, Lektor und Herausgeber. Bereits 1893 war

er an Tuberkulose erkrankt, an der er schließlich im Jahr 1914 in Tirol verstarb.

Eduard Mörike

wurde 1804 in Ludwigsburg geboren. Nach dem Abschluss des Gymnasiums und dem frühen Tod seines Vaters sollte er eine geistliche Laufbahn einschlagen. Bis 1826 war er Schüler des Tübinger Stifts, wo er sich intensiv mit der Antike beschäftigte. Anschließend lebte er in verschiedenen Gemeinden in Württemberg als Vikar. Ab 1834 war er Pfarrer in Cleversulzbach bei Heilbronn. In dieser Position versuchte Mörike, sich häufig von seinen Vikaren vertreten zu lassen, um für das Dichten freigestellt zu sein. Er gilt als Vertreter des Biedermeier und wurde zu Lebzeiten als bedeutendster deutscher Lyriker nach Goethe bezeichnet. Zu seinen Werken gehören u. a. der Roman *Maler Nolten*, *Das Stuttgarter Hutzelmännlein* und zahlreiche Gedichte. Er zählt neben Gustav Schwab zur Schwäbischen Dichterschule. 1843 ließ sich Mörike in den Ruhestand versetzen. Er zog zusammen mit Frau, Töchtern sowie seiner Schwester nach Stuttgart und lehrte dort von 1856 bis zu seinem Tod 1875 Literatur am Königin-Katharina-Stift.

Wilhelm Müller,

1794 in Dessau geboren, studierte Philologie in Berlin, bis er sich 1813 dem preußischen Heer anschloss und an den Befreiungskriegen gegen Napoleon beteiligt war. Nach seiner Ernennung zum Leutnant zog er 1816 nach Berlin, wo er Kontakt zur literarischen Szene herstellte und u. a. Achim von Arnim und Clemens Brentano kennenlernte. Müller wurde durch seine gesellschaftskritischen deutschen Volkslieder bekannt, die u. a. von Franz Schubert vertont wurden. 1817 unternahm er eine Bildungsreise nach Italien. Daraus entstand drei Jahre später die zweibändige Veröffentlichung *Rom, Römer und Römerinnen*. Im Anschluss arbeitete er als Gymnasiallehrer in seiner Heimatstadt Dessau. Müller war außerdem als Redakteur und Herausgeber tätig. Er gilt als naturverbundener Lyriker der Spätromantik, der zahlreiche Lieder schrieb, darunter »Das Wandern ist des Müllers Lust« und »Ich hört ein Bächlein rauschen«. 1826 starb er mit nur 32 Jahren in Dessau.

Marion Poschmann

wurde 1969 in Essen geboren und wuchs dort und in Mülheim an der Ruhr auf. Von 1989 bis 1995 studierte sie Germanistik, Philosophie und Slawistik in Bonn und Berlin. 1994 studierte sie außerdem Szenisches Schreiben an der Berliner Hochschule der Künste. Von 1997 bis 2003 unterrichtete sie das Fach Deutsch im Rahmen des deutsch-polnischen Grundschulprojekts »Spotkanie heißt Begegnung«. Sie ist Mitglied im PEN-Zentrum Deutschland, in der Akademie der Wissenschaften und der Literatur Mainz, der Deutschen Akademie für Sprache und Dichtung sowie der Nordrhein-Westfälischen Akademie der Wissenschaften und der Künste. Für ihre Lyrik und Prosa wurde sie mit zahlreichen renommierten Preisen ausgezeichnet, u. a. mit dem Bremer Literaturpreis 2021 für ihren Lyrikband *Nimbus* und im selben Jahr mit dem WORTMELDUNGEN -Literaturpreis. Zuletzt erhielt sie 2023 den Joseph-Breitbach-Preis für ihr Gesamtwerk.

Ihr vielbeachteter *Schwarzweißroman* (2005) war in der *Frankfurter Allgemeinen Zeitung* vorabgedruckt und für den Deutschen Buchpreis nominiert.

Ilma Rakusa,

geboren 1946 in Rimavská Sobota, Tschechoslowakei, ist eine Schweizer Literaturwissenschaftlerin, Schriftstellerin und Literaturübersetzerin. Ihre frühe Kindheit verbrachte sie in Budapest, Ljubljana und Triest, bis sich die Familie 1951 in der Schweiz niederließ. Nach der Matura studierte Rakusa Slawistik und Romanistik in Zürich, Paris und Leningrad, promovierte 1971 mit einer literaturwissenschaftlichen Arbeit zum Thema *Studien zum Motiv der Einsamkeit in der russischen Literatur* zum Doktor der Philosophie. Von 1971 bis 1977 war sie Assistentin am Slawischen Seminar der Universität Zürich und wirkte dort von 1977 bis 2006 als Lehrbeauftragte. Rakusa ist als Übersetzerin aus dem Französischen, Russischen, Serbokroatischen und Ungarischen und als Publizistin (*Neue Zürcher Zeitung* und *Die Zeit*) tätig. Sie ist Mitglied der Deutschen Akademie für Sprache und Dichtung in Darmstadt sowie der Fachjury des Zuger Übersetzer-Stipendiums. Heute lebt Rakusa als freie Schriftstellerin in Zürich.

Rainer Maria Rilke

wurde 1875 in Prag geboren. 1886 wurde Rilke auf eine Militärschule geschickt. Die militärische Erziehung war für das musische Kind eine Zumutung. Nach sechs Jahren brach er die militärische Ausbildung aufgrund einer schweren Krankheit ab. 1895 bestand er sein Abitur und begann anschließend ein Studium der Kunstgeschichte, Literatur und Philosophie in Prag und dann der Rechtswissenschaften in München. Dieses brach er jedoch ab und arbeitete fortan als freier Dichter. Als Lyriker erlangte Rilke große Anerkennung. Zu seinen bekanntesten Werken zählen *Der Panther, Herbsttag* und *Requiem.* Auf seinen Reisen durch Europa lernte er u. a. Arthur Schnitzler, Hugo von Hofmannsthal und Leo Tolstoi kennen. Erst 1921 ließ er sich dauerhaft in einem kleinen Schlossturm im Schweizer Wallis nieder. Hier vollendete er die *Duineser Elegien* und die *Sonette an Orpheus.* Nach einer langen Leukämie-Erkrankung verstarb er 1926 in einem Schweizer Sanatorium.

Joachim Ringelnatz

wurde 1883 als Hans Gustav Bötticher in Wurzen in der Nähe von Leipzig geboren und wuchs in einem künstlerischen Elternhaus auf. Schon 1892 verfasste Ringelnatz illustrierte Gedichte, wie *Die Landpartie der Tiere* belegt. Seine unglückliche Schulzeit beendete er 1901 und fuhr stattdessen als Schiffsjunge zur See. Die folgenden Jahre heuerte er als Matrose bei der Marine an. Ab 1909 gewann er als Hausdichter des Künstlerlokals Simplicissimus an Bekanntheit. Seine Werke sind skurril, expressionistisch, witzig und voller Sprachspiele. Nebenher verdiente er sein Geld als Wahrsager, als Schaufensterdekorateur, Fremdenführer und Bibliothekar. Ab 1919 veröffentlichte er unter dem Pseudonym Joachim Ringelnatz, über dessen Bedeutung unterschiedliche Gerüchte kursieren. Manche meinen, er beziehe sich damit auf die Ringelnatter, die im Wasser und auf dem Land glücklich sei, andere sehen darin eine Parallele zu dem Begriff »Ringelnass« für

Seepferdchen, das den Seeleuten Glück bringen soll. 1920 entstand seine bekannte Kunstfigur, der Seemann Kuttel Daddeldu. Fortan war Ringelnatz als Kleinkünstler auf vielen Bühnen unterwegs. Das Auftreten wurde ihm 1933 von den Nazis verboten. Ein Jahr später verstarb Joachim Ringelnatz an Tuberkulose.

Friedrich Rückert

wurde 1788 in Schweinfurt geboren und war ein deutscher Dichter, Sprachgelehrter, Übersetzer sowie einer der Begründer der deutschen Orientalistik. Er studierte zunächst von 1805 bis 1809 Jura, Philologie und Ästhetik in Würzburg und Heidelberg, bevor er 1811 in Jena habilitierte. 1814 erlangte er mit seinen *Geharnischten Sonetten* erste Aufmerksamkeit, die sich gegen die napoleonische Besatzung richteten.
Es folgten einige Wanderjahre, während denen er Persisch, Türkisch und Arabisch in Wien erlernte. 1826 wurde er Professor für Orientalistische Sprachen und Literaturen in Erlangen und bot Kurse im damals selten gelehrten Sanskrit an. 1841 ging er nach Berlin, wo er bis 1848 an der Universität lehrte, bis er sich auf seinen Ruhesitz in Neuses zurückzog. Rückert beherrschte 44 Sprachen. Er lebte meist zurückgezogen im Kreise seiner kinderreichen Familie. Zwei seiner Kinder starben an Scharlach. In seiner Trauerphase verfasste er über 400 Gedichte, die er 1872 unter dem Titel *Kindertodtenlieder* veröffentlichte. Er starb 1866 in Neuses bei Coburg.

Johann Gaudenz von Salis-Seewis

wurde 1762 auf Schloss Bothmar bei Malans als Sohn des Adelsgeschlechts der von Salis geboren. Er war einer der Günstlinge Marie Antoinettes, diente ab 1779 in der Schweizergarde des französischen Königs und ging in den Dienst der republikanischen Armee über, bis er 1793 nach Verschärfung der Revolution den Dienst quittierte. In den darauffolgenden Jahren traf er auf Reisen nach Deutschland und in die Niederlande u. a auf Goethe, Herder und Schiller. Er siedelte erst nach Zürich und dann nach Bern um, wo er zum Mitglied des gesetzgebenden Rates avancierte. Später kehrte er nach Malans zurück, wo er nur noch sporadisch neue Gedichte verfasste, bis er 1834 verstarb.

Heinrich Seidel

wurde 1842 in Perlin, Mecklenburg-Schwerin, als Sohn eines evangelischen Theologen und Pastors geboren. Nach der Versetzung seines Vaters in die Residenzstadt besuchte Seidel das Fridericianum Schwerin, studierte zwei Jahre lang Maschinenbau am Polytechnikum in Hannover und arbeitete in einer Maschinenfabrik in Güstrow und später als Zeichner. Ab 1866 studierte er an der Gewerbeakademie in Berlin und wurde Ingenieur. Er konstruierte Bahnanlagen wie die Yorckbrücken oder entwarf die in Europa damals einmalige Dachkonstruktion des Berliner Anhalter Bahnhofs. 1880 gab er den Beruf auf und widmete sich ausschließlich der Schriftstellerei. Er war Mitglied im Akademischen Verein Hütte, in der literarischen Gesellschaft Tunnel über der Spree und wirkte unter dem Pseudonym Johannes Köhnke im Allgemeinen Deutschen Reimverein mit. Seidels bekanntestes Werk ist *Leberecht Hühnchen*, aber auch seine Märchen und seine Autobiographie *Von Perlin nach Berlin* wurden hochgeschätzt. Darüber hinaus

schrieb er zahlreiche Gedichte. Seidel verstarb 1906 in Groß-Lichterfelde.

Adalbert Stifter

wurde 1805 in Oberplan, Böhmen, geboren. Adalbert Stifter besuchte das Gymnasium und studierte anschließend Jura in Wien. 1827 begann Stifter zu schreiben, ließ sich dabei inspirieren von Goethe, Herder und Jean Paul, und arbeitete neben seinem Studium als Hauslehrer. Er war unglücklich verliebt, brach sein Studium ab und litt zunehmend an Selbstzweifeln und Alkoholsucht. Zur gleichen Zeit erschien sein Werk *Julius*. Stifter hatte über sein gesamtes Leben und Schaffen hinweg finanzielle Probleme. Im Jahr 1840 erschien sein Werk *Der Condor* in der *Wiener Zeitschrift* und wurde ein Erfolg, ein Jahr später folgte die Erzählung *Feldblumen* im *Almanach Iris*. Seinen literarischen Durchbruch schaffte er jedoch erst mit seinem Werk *Studien*, das u. a. die Erzählungen *Der Hagestolz* und *Der Waldsteig* enthielt. Er verließ Wien 1848 und ging nach Linz, als die Unruhen der Revolution das Land unsicher machten. Er war ein überzeugter Anhänger der revolutionären Bewegung. Der ohnehin bereits gesundheitlich angeschlagene Schriftsteller musste sich gegen Ende der 1850er Jahre mehrfach in Behandlung begeben und Kuraufenthalte absolvieren. 1868 durchschnitt er sich auf seinem Krankenbett in Linz die Halsschlagader und starb.

Theodor Storm,

1817 in Husum geboren, studierte Rechtswissenschaften in Kiel und Berlin. In Kiel lernte er Theodor Mommsen und dessen Bruder kennen und gab mit beiden im Jahr

1843 das *Liederbuch dreier Freunde* heraus. Nach seinem Studium arbeitete Storm als Advokat in Husum, aufgrund politischer Handlungen wurde ihm im Jahr 1852 jedoch das Recht dazu entzogen. Es begann ein zwölfjähriges Exil, das Storm in Potsdam und Heiligenstadt verbrachte. Zuvor konnte er mit seiner Novelle *Immensee* im Jahr 1849 und den *Sommergeschichten und Liedern* erste schriftstellerische Erfolge verbuchen. Während seiner Zeit im Exil pflegte Storm regen Briefkontakt zu Gottfried Keller und Eduard Mörike und lernte in literarischen Kreisen u. a. Theodor Fontane kennen. Storm kehrte 1864 in seine Heimat zurück und arbeitete als Landvogt, Amtsrichter und Amtsgerichtsrat in Husum, bevor er 1880 seinen Alterssitz in Hademarschen in Holstein bezog. Storm verfasste ab Ende der 1860er Jahre überwiegend Novellen, darunter *Der Schimmelreiter*. Hatte sich Storm selbst vor allem als Lyriker verstanden, zählt er heute zu den bedeutendsten Novellisten des Poetischen Realismus. Storm starb 1888 in Hademarschen.

Georg Trakl

wurde 1887 in Salzburg geboren. Er besuchte dort das humanistische Staatsgymnasium, das er jedoch ohne Abschluss verließ. Stattdessen arbeitete er sporadisch als Pharmazeut und widmete sich nebenberuflich dem Schreiben. In den Jahren 1910 bis 1914 entstanden seine wichtigsten Werke, die ihn zu einem der bedeutendsten Lyriker Österreichs und zu einem der wichtigsten Frühexpressionisten Deutschlands machten. Seine Werke setzen sich hauptsächlich mit Verfall, Einsamkeit und Tod auseinander. Seine Kriegserfahrung 1914 in der Schlacht

um Grodek führte zu wahnhaften Zuständen, die durch seine Drogen- und Alkoholsucht noch gefördert wurden. Schließlich wurde er in ein Spital in Krakau eingeliefert. Dort verfasste er noch einige Gedichte über seine Erlebnisse im Krieg. Er starb 1914 an einer Überdosis Kokain. Es bleibt ungeklärt, ob es sich dabei um einen Unfall oder Suizid handelte.

Kurt Tucholsky

wurde als Sohn eines jüdischen Kaufmanns 1890 in Berlin geboren. Während seines Jurastudiums in Berlin und Genf schrieb er mehrfach Beiträge und Gedichte für das Magazin *Vorwärts* der SPD. Ebenso war er als Literatur- und Theaterkritiker tätig, bis er 1915 sein Studium mit einer Promotion abschloss. 1924 veröffentlichte er sein Werk *Vision*, in welchem er sich in die Zeit des Ersten Weltkriegs zurückversetzte und vor dem unsicheren Frieden und weiteren gewaltsamen Auseinandersetzungen warnte. Er verstand sich als Pazifist und reflektierte die Bedrohung durch den Nationalismus. Nach seiner Veröffentlichung des satirischen Buches *Deutschland, Deutschland über alles* emigrierte er nach Schweden, von wo aus er weitere kritische und satirische Texte veröffentlichte, die sich auf den Nationalsozialismus bezogen. 1933 bezeichneten die Nazis seine Werke als ›entartete‹ Kunst und verbrannten seine Bücher. Ab diesem Zeitpunkt stellte Tucholsky seine Publikationstätigkeit fast vollständig ein. Heute zählt er zu den bedeutendsten Publizisten der Weimarer Republik. 1935 starb er in Schweden, vermutlich durch Suizid.

Johann Heinrich Voß

wurde 1751 in Sommerstorf geboren. Er wurde vor allem durch seine Übertragungen von Homers Epen (*Ilias, Odyssee*) und anderer Klassiker der Antike berühmt. Der Siebenjährige Krieg führte zur Verarmung seiner Eltern, so konnte Voß zunächst kein Studium anfangen und arbeitete stattdessen bei einem Gutsbesitzer gegen schlechte Bezahlung und unter demütigenden Bedingungen. Durch diese Erfahrungen entwickelte er einen Hass auf Standesprivilegien und Adelswillkür; er wurde zum Demokraten und zum Feind des Absolutismus. Voß wurde 1772 nach Göttingen zum Studium der Theologie und später der Philologie eingeladen und finanziell gefördert. Während des Studiums erfuhr er zunehmend Anerkennung für seine Dichtkunst. 1772 war er Mitgründer des Literaturzirkels Göttinger Hain. 1775 wurde er der Herausgeber des *Göttinger Musenalmanachs*, schrieb in dieser Zeit seine ersten Idyllen (*Die Leibeigenen, Die Freigelassenen*) und begann mit der *Odüße*-Übersetzung. Ab 1778 war Voß als Rektor in Otterndorf und Eutin tätig. Dort begann für Voß eine Phase von zwei Jahrzehnten intensiven dichterischen Schaffens. Seine hohe Produktivität verursachte jedoch gesundheitliche Probleme und er musste sich aus seinen Dienstpflichten zurückziehen. Er starb 1826 an den Folgen eines Schlaganfalls.

Anton Wildgans,

1881 in Wien geboren, besuchte die Volksschule und das Gymnasium in Wien und begann anschließend, ein Jurastudium an der Universität Wien. 1903 erschien seine erste Gedichtsammlung *Vom Wege*. 1908 wurde Wildgans promoviert, ein Jahr später trat er in den Staatsdienst als Advokaturkandidat ein

und wurde direkt danach Richteramtsanwärter beim Landesgericht für Strafsachen. 1911 entschied er sich, einen einjährigen Urlaub vom Gerichtsdienst zu nehmen und als freier Schriftsteller zu leben. In dieser Zeit schrieb er viele Gedichte und beendete den Gedichtband *Und hättet der Liebe nicht*. Er quittierte den Gerichtsdienst endgültig und widmete sich ganz seiner Kunst. 1915 folgte die Uraufführung seines Stücks *Armut* am Wiener Deutschen Volkstheater, welches großen Erfolg beim Publikum erlangte, von der Presse jedoch kritisch beurteilt wurde. Anton Wildgans starb 1932 an einem Herzinfarkt in seinem Arbeits- und Schlafzimmer in Mödling.

Scheinbar ziellos die Gedanken
tragen hin mich bis ins Bild,
dazu Farben, die sich ranken,
manche zaghaft, andere wild.

Franziska Harvey

Bibliografische Nachweise

Ausländer, Rose
»Herbstlicher Ausschnitt« und »Spätsommer« aus: Rose Ausländer, *Gedichte.* Hrsg. von Helmut Braun. © S. Fischer Verlag GmbH, Frankfurt am Main 2001

Bachmann, Ingeborg
»Die große Fracht« aus: Ingeborg Bachmann, *Werke in 4 Bänden. Band 1. Gedichte, Hörspiele, Libretti, Übersetzungen.* Hrsg. von Christine Koschel, Inge von Weidenbaum, Clemens Münster. © Piper Verlag GmbH, München 1978

Benn, Gottfried
»Einsamer nie –« aus: Gottfried Benn, *Statische Gedichte.* © Arche Literaturverlag, Zürich/Hamburg 2021

Brecht, Bertolt
»Ballade von den Seeräubern« aus: Bertolt Brecht, *Werke. Große kommentierte Berliner und Frankfurter Ausgabe, Band 11: Gedichte 1.* © Bertolt-Brecht-Erben / Suhrkamp Verlag 1988. Alle Rechte bei und vorbehalten durch Suhrkamp Verlag Berlin AG.

Celan, Paul
»Ein Knirschen von eisernen Schuhn« aus: Paul Celan, *Mohn und Gedächtnis* © 1993, Deutsche Verlags-Anstalt, München, in der Penguin Random House Verlagsgruppe GmbH

Degenhardt, Franz Josef
»Wölfe mitten im Mai« © Degenhardt-Erben 2015, erschienen auf dem Album *Spiel nicht mit den Schmuddelkindern* (1965) und »Winterlied« © Degenhardt-Erben 2015, erschienen auf dem Album *Der Wind hat sich gedreht im Lande* (1980), beide Titel wie das musikalische Gesamtwerk Franz Josef Degenhardts bei Universal Music verfügbar.

Hahn, Ulla
»Elegie auf einen Dichter« und »Fest auf der Alster« aus: Ulla Hahn, *Gesammelte Gedichte* © 2013, Deutsche Verlags-Anstalt, München, in der Penguin Random House Verlagsgruppe GmbH

Inhaltsverzeichnis